MANUAL PRÁTICO DE MINDFULNESS
(MEDITAÇÃO DA ATENÇÃO PLENA)

John Teasdale
Mark Williams
Zindel Segal

MANUAL PRÁTICO DE MINDFULNESS
(MEDITAÇÃO DA ATENÇÃO PLENA)

Um programa de oito semanas para libertar você
da depressão, da ansiedade e do estresse emocional

Prefácio de
JON KABAT-ZINN

Tradução
CLAUDIA GERPE DUARTE
EDUARDO GERPE DUARTE

Editora
Pensamento
SÃO PAULO

Para todos os que buscam o fim do sofrimento

Título original: *The Mindful Way Workbook*.
Copyright © 2013 The Guilford Press. Uma divisão da Guilford Publications, Inc.
Copyright da edição brasileira © 2016 Editora Pensamento-Cultrix Ltda.
1ª edição 2016.
4ª reimpressão 2023.

Todos os direitos reservados. Nenhuma parte desta obra pode ser reproduzida ou usada de qualquer forma ou por qualquer meio, eletrônico ou mecânico, inclusive fotocópias, gravações ou sistema de armazenamento em banco de dados, sem permissão por escrito, exceto nos casos de trechos curtos citados em resenhas críticas ou artigos de revistas.

A Editora Pensamento não se responsabiliza por eventuais mudanças ocorridas nos endereços convencionais ou eletrônicos citados neste livro.

Obs.: As informações contidas nesta obra não se destinam a substituir a consulta com profissionais da área da saúde. As questões de saúde de cada pessoa deverão ser avaliadas por um profissional qualificado.

Editor: Adilson Silva Ramachandra
Editora de texto: Denise de Carvalho Rocha
Gerente editorial: Roseli de S. Ferraz
Preparação de originais: Luciana Soares
Produção editorial: Indiara Faria Kayo
Assistente de produção editorial: Brenda Narciso
Editoração eletrônica: Fama Editora
Revisão: Nilza Agua

Dados Internacionais de Catalogação na Publicação (CIP)
(Câmara Brasileira do Livro, SP, Brasil)

Teasdale, John D.
  Manual prático de mindfulness : (meditação da atenção plena) : um programa de oito semanas para libertar você da depressão, da ansiedade e do estresse emocional / John Teasdale, Mark Williams, Zindel Segal ; prefácio de Jon Kabat-Zinn ; tradução Claudia Gerpe Duarte, Eduardo Gerpe Duarte. — São Paulo : Pensamento, 2016.

  Título original: The mindful way workbook.
  Bibliografia
  ISBN 978-85-315-1925-3

  1. Atenção plena 2. Desordens mentais 3. Depressão 4. Estresse 5. Meditação - Uso terapêutico 6. Mindfulness - Terapia cognitiva I. Williams, Mark. II. Segal, Zindel. III. Kabat-Zinn, Jon. IV. Título.

16-00493
CDD-616.89142
NLM-WM 270

Índices para catálogo sistemático:
1. Mindfulness : Terapia cognitiva : Medicina 616.89142

Direitos de tradução para o Brasil adquiridos com exclusividade pela
EDITORA PENSAMENTO-CULTRIX LTDA., que se reserva a propriedade literária desta tradução.
Rua Dr. Mário Vicente, 368 — 04270-000 — São Paulo, SP
Fone: (11) 2066-9000
http://www.editorapensamento.com.br
E-mail: atendimento@editorapensamento.com.br
Foi feito o depósito legal.

Sumário

Prefácio 7
Agradecimentos 9
Nota dos autores 11

PARTE I: FUNDAMENTOS

1. Seja Bem-Vindo... 15
2. Depressão, Infelicidade e Angústia Emocional 22
   Por que Ficamos Emperrados?
3. Fazer, Ser e a Atenção Plena 32
4. A Preparação 43

PARTE II: O PROGRAMA DA TERAPIA COGNITIVA BASEADO NA ATENÇÃO PLENA (MBCT)**

5. Primeira Semana: Além do Piloto Automático..................................... 53
6. Segunda Semana: Outra Maneira de Conhecimento 72
7. Terceira Semana: Voltando ao Presente
   Reunindo a Mente Dispersa 95
8. Quarta Semana: Reconhecendo a Aversão 119
9. Quinta Semana: Deixe as Coisas Serem Como Elas Já São................... 142
10. Sexta Semana: Veja os Pensamentos *Como* Pensamentos..................... 160

---

* Sigla do nome em inglês: The Mindfulness-Based Cognitive Therapy. (N.Trads.)

11. Sétima Semana: A Bondade em Ação	182
12. Oitava Semana: E Agora?	208
Recursos	223
Notas	227
Lista de Arquivos das Meditações	237

> As versões dos exercícios de meditação dos áudios e do livro diferem um pouco, mas a essência é a mesma.

Prefácio

Este livro é fantástico. Custei um pouco a compreender o quanto ele é fantástico. Acho que porque me aproximei dele com um leve preconceito contra os manuais em geral e também porque perguntei, quando soube que ele estava em andamento: "Por que cargas-d'água vão publicar outro livro sobre a terapia cognitiva baseada na atenção plena (MBCT), e ainda por cima um manual?". Os autores já tinham feito muitas coisas para tornar a MBCT disponível tanto para terapeutas quanto para o público leigo. A MBCT havia se tornado extremamente popular e altamente considerada. As pessoas estavam extraindo dela um grande benefício. O que faltava? O que mais poderia ser dito? De quanto apoio mais as pessoas precisariam? Quanta clareza mais os autores poderiam conferir a esse tema e quanto mais atrativo eles conseguiriam torná-lo? Acontece que a resposta a todas essas indagações é: "muito".

Ao ler o livro e viver dentro dele por algum tempo, rapidamente percebi e senti por que não apenas ele é necessário, mas também maravilhoso e cativante. Ele dá vida à experiência da MBCT e ao cultivo da atenção plena de uma nova maneira, quase como se, em um sentido bastante real, você se tornasse um pleno participante do programa, como se estivesse *na sala de aula*, não apenas com o instrutor, mas com um grupo inteiro de outras pessoas cujos interesses, perguntas e — depois de elas estarem envolvidas na prática da meditação — experiências, sem sombra de dúvida, se parecerão muito com os seus. Enxerguei as virtudes e funções exclusivas dessa forma de manual nas mãos habilidosas dos autores. Uma coisa estava, de fato, faltando naquilo que eu julgara estar completo.

Este livro funciona como um amigo de confiança, conselheiro e guia, pelo menos o quanto um livro pode ser. Ele confere a você, leitor, o sentimento de ser ajudado, nem tanto pelos autores, mas sim pelo próprio processo, à medida que você se envolve a cada dia e a cada semana nesta simples porém potencial e profundamente liberadora exploração da sua mente e do seu corpo por meio do cultivo da atenção plena. Ele nos conduz ao longo de um processo que ilumina as maneiras pelas quais antigos hábitos mentais podem facilmente nos aprisionar, embora, à primeira vista, os nossos pensamentos estejam tentando encontrar significado e coerência nas coisas e melhorar o nosso destino.

Uma das características mais cativantes e úteis deste livro é a presença de balões que falam nas duas direções, formulando as perguntas sobre as quais podemos estar pensando ou refletindo e, depois, oferecendo respostas que poderão nos ajudar a enxergar as coisas de uma nova maneira, mais agradável e libertadora. Aqui estão as vozes das pessoas na sua turma, praticando ao mesmo tempo que você, fazendo perguntas e relatando as experiências delas, exatamente como você poderá fazer. E ali estão as respostas delicadas, extremamente claras e altamente reconfortantes do instrutor às várias perguntas e incertezas que surgem todos os dias a respeito de como praticar, o que praticar e se você está "fazendo a coisa certa", em outras palavras, se o que você está vivenciando é válido. E a voz delicada e reconfortante está sempre presente, lembrando repetidamente que o que você está vivenciando *é* válido porque é a sua experiência e porque você está consciente dela.

Esta é a vantagem de aprender a partir da sua própria experiência, de aprender confiando na sua experiência quando ela é mantida na consciência — de ver através e ir além das estruturas usuais de bom e mau, gostar e não gostar, e descobrir novas maneiras de *ter um relacionamento* com o que poderia anteriormente tê-lo deixado exasperado, ou atormentado de alguma maneira, e o conduzido em uma espiral descendente de ruminação e escuridão inúteis. O pleno envolvimento com o programa oferecido aqui o ensina a atrair esses momentos de volta à família dos vivos e à sua própria vida, e, embora fazer isso exija coragem, os benefícios são enormes. O programa mostra com grande clareza e compaixão que aquilo que você pode ter anteriormente considerado o seu destino não o é mais, e nunca foi — que você, assim como todos nós, recebe infinitas oportunidades de exercitar os seus músculos de aprendizado, crescimento e cura uma vez que você saiba que isso é possível, transformando, dessa maneira, a sua vida; que você, assim como todos nós, recebe infinitas oportunidades de compreender que você tem escolhas muito reais, de momento a momento, ligadas à maneira como você se relacionará com o que está se desenvolvendo na sua mente, no seu corpo e no mundo.

Acontece que essa simples mudança de perspectiva a cada momento — especialmente naqueles difíceis, assustadores ou desanimadores — faz toda a diferença. Ela pode lhe devolver a sua vida, em toda plenitude e beleza. Espero que isso aconteça. Viver dentro deste livro e envolver-se, sem reservas, com o programa que ele oferece — no qual o que quer que surja na sua vida e na sua mente se torna uma parte essencial do programa — pode fazer toda a diferença. Espero que você adote esse novo modo de ser da melhor maneira possível e que deixe o que você faz fluir a partir do seu ser. Espero que você pratique arduamente e que você pratique suavemente e com delicadeza. Você está em boas mãos aqui, inclusive, e especialmente, nas suas.

Jon Kabat-Zinn
Lexington, Massachusetts
22 de abril de 2013

Agradecimentos

Muitas pessoas contribuíram generosamente ao longo dos anos para o desenvolvimento, a propagação e a avaliação da terapia cognitiva baseada na atenção plena (MBCT). Apresentamos aqui nosso reconhecimento e nossos agradecimentos especificamente àqueles que contribuíram para o processo de criação deste manual.

Desde o início, este projeto foi levado habilmente para a frente por Kitty Moore, Editora Sênior da Guilford Press. Tivemos a sorte imensa de uma vez mais desfrutar dos benefícios do talento criativo, do estímulo sensível e da sábia orientação editorial de Chris Benton. David Moore produziu as figuras claras e atrativas e esteve prontamente receptivo a cada mudança sutil que solicitávamos. Kevin Porter, da A Musik Zone, e a Heavy Entertainment (www.heavy-entertainment.com) foram os engenheiros de som das faixas de áudio em inglês. Valorizamos enormemente a ajuda de todas essas pessoas e agradecemos calorosamente a elas.

Reconhecemos com enorme gratidão a contribuição de Trish Bartley, Melanie Fennell, Jackie Teasdale e Phyllis Williams, que puseram de lado outros compromissos para ler em cima da hora uma versão preliminar do original. O *feedback* deles transformou tanto a aparência quanto o tom do livro.

É com enorme prazer que reconhecemos as contribuições sólidas, fundamentais, inspiradoras e coordenadas de Jon Kabat-Zinn para o desenvolvimento da MBCT. A nossa parceria tem sido uma contínua fonte de alegria e aprendizado. Apresentamos a ele os nossos sinceros agradecimentos por ele ter aceito cortesmente escrever o prefácio deste livro.

Finalmente, é um prazer ter esta oportunidade de expressar o nosso profundo reconhecimento aos participantes dos programas baseados na atenção plena que oferecemos. A contribuição deles moldou de modo profundo o desenvolvimento da MBCT e a substância deste livro. Alguns deles contribuíram generosamente com a sua história; outros serviram de inspiração para as interações que ilustramos; todos foram nossos mestres. Agradecemos a cada um deles.

Editores e autores deram com generosidade permissão para que reproduzíssemos textos das seguintes obras protegidas por leis de copyright:

"How Does Mindfulness Transform Suffering? I: The Nature and Origins of *Dukkha*", de John D. Teasdale e Michael Chaskalson. *In Contemporary Buddhism: An Interdisciplinary Journal*, 2011, *12* (1), pp. 89-102. Copyright © 2011 Taylor & Francis. Reproduzido com permissão de Taylor & Francis Ltd.

The Mindful Way through Depression, de Mark Williams, John Teasdale, Zindel Segal e Jon Kabat-Zinn. Copyright © 2007 Guilford Press. Adaptado com permissão.

Mindfulness-Based Cognitive Therapy for Depression, Second Edition, de Zindel V. Segal, J. Mark G. Williams e John D. Teasdale. Copyright © 2013 Guilford Press. Adaptado e reproduzido com permissão.

The Way It Is: New and Selected Poems, de William E. Stafford. Copyright © 1998 Estate of William Stafford. Reproduzido com permissão de The Permissions Company em nome de Graywolf Press.

"Dreaming the Real", de Linda France. *In* Abhinando Bhikkhu (org.), *Tomorrow's Moon*. Copyright © 2005 Linda France. Reproduzido com permissão.

New Collected Poems, de Wendell Berry. Copyright © 2012 Wendell Berry. Reproduzido com permissão de Counterpoint.

"Cognitive Self-Statements in Depression: Development of an Automatic Thoughts Questionnaire", de Steven D. Hollon e Philip C. Kendall. *In Cognitive Therapy and Research*, 1980, *4*, pp. 383-95. Copyright © 1980 Philip C. Kendall e Steven D. Hollon. Adaptado com permissão dos autores.

Dream Work, de Mary Oliver. Copyright © 1986 Mary Oliver. Reproduzido com permissão de Grove/Atlantic.

The Essential Rumi, de Coleman Barks e John Moyne. Copyright © 1995 Coleman Barks e John Moyne. Reproduzido com permissão de Threshold Books.

The Dance, de Oriah Mountain Dreamer. Copyright © 2001 Oriah Mountain Dreamer. Reproduzido com permissão de HarperCollins Publishers.

Insight Meditation: The Practice of Freedom, de Joseph Goldstein. Copyright © 1994 Joseph Goldstein. Reproduzido com permissão de Shambhala Publications.

Full Catastrophe Living, de Jon Kabat-Zinn. Copyright © 1990 Jon Kabat-Zinn. Adaptado com permissão de Dell Publishing, uma divisão da Random House.

House of Light, de Mary Oliver. Copyright © 1990 Mary Oliver. Reproduzido com permissão de The Charlotte Sheedy Literary Agency.

Some Tips for Everyday Mindfulness, de Madeline Klyne, Diretora Executiva do Cambridge Insight Meditation Center. Copyright © Madeline Klyne. Adaptado com permissão da autora.

Collected Poems, 1948-1984, de Derek Walcott. Copyright © 1986 Derek Walcott. Reproduzido com permissão de Farrar, Straus and Giroux e Faber and Faber.

Nota dos Autores

Citações dos participantes

Ao longo do livro, apresentamos citações de ex-participantes dos programas de MBCT. Algumas são citações textuais de participantes específicos. Quando eles sugeriram que usássemos o seu primeiro nome, fizemos isso; quando não, demos codinome a eles. Em outros casos, as declarações representam a essência de citações de vários participantes e são puramente fictícias. Incluímos também muitos exemplos gerados entre participantes e instrutores — novamente, esses exemplos representam diálogos que tipicamente se repetem, em vez de palavras efetivas proferidas por pessoas específicas.

Notas

No final do livro, a seção Notas fornece referências relacionadas com algumas afirmações feitas, as fontes de poemas e outras citações de livros e agradecimentos pela permissão de reproduzir o material.

Arquivos de áudio

Uma lista das faixas de áudio incluídas no QR Code que acompanha este livro é fornecida na página 237.

Parte I

Fundamentos

Seja Bem-Vindo

> Seja bem-vindo ao programa de oito semanas da MBCT. MBCT é a terapia cognitiva baseada na atenção plena. Trata-se de um programa especialmente concebido para ajudá-lo a lidar com disposições de ânimo indesejadas.
>
> A MBCT foi testada em pesquisas e se revelou eficaz em casos de depressão, bem como ansiedade e vários outros problemas.
>
> Você pode usar este livro de diferentes maneiras: como membro de uma aula de MBCT dirigida por profissionais, como parte de uma terapia individual ou como autoajuda.
>
> Nós lhe desejamos tudo de bom enquanto você empreende esta jornada a fim de descobrir qual a melhor maneira de alimentar a sua mais profunda capacidade de totalidade e cura.

Se você já se sentiu profundamente infeliz com a sua vida por qualquer espaço de tempo, você sabe como pode ser difícil fazer alguma coisa a respeito. Por mais que se esforce, as coisas simplesmente não melhoram – pelo menos não de modo duradouro. Você se sente estressado, exausto com o mero esforço de levar a vida adiante. A vida perdeu o colorido, e você não parece saber como recuperá-lo.

Gradualmente, você poderá vir a acreditar que deve haver algo errado com você, que no fundo você simplesmente não é bom o bastante.

Esse sentimento de vazio interior pode ser proveniente de um acúmulo de estresse durante um longo período ou de um ou dois eventos traumáticos que inesperadamente tumultuam a sua vida. Ele pode até mesmo surgir do nada, sem causa aparente. Você poderá dar consigo perdido em uma tristeza inconsolável, sentindo-se profundamente vazio ou dolorosamente desapontado consigo mesmo, com outras pessoas ou com o mundo em geral.

Se esses sentimentos se intensificarem, poderão se tornar graves o bastante para ser chamados de depressão clínica. Mas o tipo de infelicidade de que estamos falando aqui atinge todos nós de tempos em tempos.

Para qualquer um que esteja sentindo um baixo-astral de qualquer magnitude ou duração — seja uma depressão, uma infelicidade incômoda e persistente ou períodos intermitentes de baixo-astral que pareçam perturbadores ou incapacitantes —, o desespero, o desânimo e a mera ausência de alegria característicos da depressão nunca estão muito longe.

> Para a pessoa com problemas emocionais que não vão embora, o desespero, o desânimo e a mera ausência de alegria característicos da depressão nunca estão muito longe.

Quando as coisas se tornam opressivas, podemos nos distrair durante algum tempo, mas algumas perguntas continuam a nos atazanar no recôndito da nossa mente: "Por que não consigo sair desta situação?", "E se as coisas ficarem assim para sempre?", "O que está errado comigo?".

Trazendo de volta a esperança

E se, apesar do que os seus pensamentos possam tentar lhe dizer, não houver nada errado com *você*?

E se os seus heroicos esforços de evitar que os sentimentos o dominem estiverem na verdade tendo um resultado oposto ao que você deseja?

E se eles forem exatamente as coisas que o estão mantendo emperrado no sofrimento ou até tornando tudo pior?

Este livro foi escrito para ajudá-lo a entender como isso acontece e o que você pode fazer a respeito.

A terapia cognitiva baseada na atenção plena (MBCT)

Nestas páginas, nós o conduziremos, passo a passo, ao longo do programa da MBCT.

Este curso de oito semanas baseado em pesquisas foi concebido para lhe proporcionar as habilidades e o entendimento que o capacitarão a se libertar e não mais ficar enredado em emoções dolorosas.

> **A MBCT é Eficaz**
>
> No mundo inteiro, pesquisas demonstram que a MBCT pode reduzir à metade o risco de futura depressão clínica em pessoas que estiveram deprimidas várias vezes — os seus efeitos parecem ser tão bons quanto os medicamentos antidepressivos.

É claro que a depressão, com frequência, chega acompanhada de ansiedade, de irritabilidade ou de outras emoções indesejadas. A boa notícia é que, embora a MBCT tenha sido desenvolvida e se revelado extremamente eficaz para a depressão, as pesquisas agora também mostram poderosos efeitos da MBCT sobre a ansiedade persistente e outras emoções destrutivas.

A essência da MBCT é o treinamento suave e sistemático da atenção plena (ainda vamos falar mais sobre o que é a atenção plena).

Esse treinamento nos liberta do domínio de dois processos críticos situados na origem da depressão e de muitos outros problemas emocionais:

1. a tendência de pensar em excesso, ruminar ou se preocupar demais a respeito de algumas coisas, *aliada à*
2. tendência de evitar, reprimir ou afastar outras coisas.

Se você costuma sofrer de dificuldades emocionais a longo prazo, já deve ter descoberto que a preocupação e a repressão, na verdade, não ajudam em nada.

Mas você poderá se sentir impotente para interromper o processo.

Redobrar os esforços no intuito de desligar a sua mente perturbada poderá proporcionar um alívio temporário, mas também poderá tornar a situação pior.

A sua atenção continua a ser sequestrada pelo que quer que o esteja perturbando: é muito difícil evitar que a mente seja repetidamente arrastada de volta ao exato lugar do qual você deseja escapar.

> **Jessica:** "O meu problema sempre foi ficar acordada à noite remoendo o que tinha acontecido no trabalho durante o dia e me preocupando a respeito do que iria acontecer no dia seguinte. Experimentei de tudo para tentar interromper os meus pensamentos, mas nada funcionou. As coisas só ficaram piores. Isso então [a ruminação] também começou a acontecer durante o dia. Eu estava até mesmo me esquecendo do que tinha para fazer. Foi quando compreendi que as coisas tinham ultrapassado o ponto em que eu poderia ajudar a mim mesma".

E se fosse possível aprender habilidades inteiramente novas que lhe possibilitassem cultivar uma maneira radicalmente diferente de trabalhar com a sua mente?

O treinamento da atenção plena ensina exatamente essas habilidades: ele lhe devolve o controle da sua atenção a fim de que, pouco a pouco, você possa vivenciar a si mesmo e o mundo sem a dura voz autocrítica da reprovação, a qual, com grande frequência, pode segui-lo de um lado para o outro.

> ***Atenção plena*** significa ser capaz de levar uma percepção consciente, franca e direta ao que você estiver fazendo enquanto o estiver fazendo: ser capaz de se sintonizar com o que está acontecendo na sua mente e no seu corpo, bem como no mundo exterior, a cada momento.

A prática diária da atenção plena reduz a tendência de remoer as coisas e se preocupar com tudo.

Você desperta para as pequenas belezas e os prazeres do mundo.

Você aprende a reagir com sabedoria e compaixão às pessoas e aos eventos que o afetam.

Nós desenvolvemos a MBCT e presenciamos, repetidamente, como ela libera as pessoas do seu fardo de baixo-astral e o estresse e a exaustão que o acompanham. Vimos as extraordinárias consequências da descoberta que elas fizeram: que existe uma maneira de viver a vida mais plenamente do que elas jamais tinham podido imaginar.

> "Meu filho disse outro dia: 'Você anda de tão bom humor estes dias' — e eu senti um sorriso nascer dentro de mim e dei um abraço nele."

> "Comecei a procurar mais os meus amigos e sugerir que nos encontrássemos com mais frequência — eu tinha medo de fazer isso —, e agora o meu telefone toca mais vezes — são amigos telefonando com ideias de coisas que podemos fazer."

> "Antes de vir para cá, eu não sabia o que era viver sem pressão. Eu posso ter tido uma ideia disso quando tinha 5 anos de idade, mas não consigo me lembrar de muita coisa daquela época. Vocês me mostraram uma maneira diferente de viver, uma maneira muito simples."

> "Comecei a pintar de novo, pela primeira vez depois que saí da faculdade."

> "Minha filha diz que a minha postura e o meu andar estão inteiramente diferentes — e percebi que ela tem razão... De alguma maneira, eu me sinto mais leve."

Para quem é este livro?

Este livro destina-se a qualquer pessoa que deseje se dedicar ao programa de oito semanas da MBCT.

Pode ser como parte de uma aula ministrada por um instrutor, como parte de uma terapia individual ou como uma forma de autoajuda, trabalhando no programa sozinho ou com um amigo. Independentemente da sua opção, você terá o apoio diário das práticas dirigidas gravadas em áudio que acompanha o livro.

Além disso, é claro, você não precisa estar gravemente deprimido para usufruir dos benefícios do programa MBCT:

- As pesquisas estão constantemente expandindo a gama de problemas emocionais beneficiados pela MBCT.
- A MBCT se concentra nos processos psicológicos essenciais que residem na raiz de muitas maneiras pelas quais podemos ficar emperrados na infelicidade.

> **E se Você Estiver Muito Deprimido Neste Momento?**
>
> A MBCT foi originalmente concebida para ajudar pessoas que sofreram anteriormente de depressão grave. Ela lhes foi oferecida quando essas pessoas estavam relativamente bem, como uma maneira de aprender habilidades destinadas a evitar que a depressão voltasse. Existem esmagadoras evidências de que o programa é eficaz para obter esse resultado.
>
> Existem também crescentes evidências de que a MBCT pode ajudar as pessoas quando elas estão no meio de uma depressão.
>
> No entanto, se as coisas estiverem realmente ruins agora e a sua depressão atrapalhar demais a sua concentração em algumas das práticas, pode ser desanimador fazer um grande esforço no intuito de assimilar um novo aprendizado. Talvez seja mais interessante se permitir esperar um pouco se você puder ou, caso decida começar, ser muito delicado consigo mesmo — lembrando-se de que as dificuldades que você está vivenciando são um efeito direto da depressão e de que, mais cedo ou mais tarde, elas se atenuarão.

Os padrões mentais que mantêm as pessoas aprisionadas no sofrimento emocional são fundamentalmente os mesmos padrões mentais situados entre todos nós e o desabrochar do nosso potencial para um modo de ser mais profundamente satisfatório.

Por que um Manual?

O formato deste livro se destina especificamente a apoiá-lo e guiá-lo ao longo de um programa que poderá resultar em mudanças radicais e duradouras na sua vida e no seu bem-estar.

É raro que essas mudanças aconteçam por meio da simples *leitura a respeito* de como nos enredamos no tumulto emocional e sobre o que podemos fazer para nos libertar.

Na verdade, a mudança profunda e duradoura geralmente envolve algum tipo de *ação* — o que, neste livro, chamamos de *prática*. É nesse trabalho, executado dia a dia, que 99% do aprendizado da MBCT acontece.

A transformação interior depende de uma contínua dança multidirecional entre o entendimento, a prática e a reflexão. A nova compreensão e as habilidades que emergem são profundamente *incorporadas* ao nosso ser — é por esse motivo que elas podem ter efeitos tão difundidos e duradouros.

Este livro fornece três elementos cruciais para essa dança de transformação: uma ESTRUTURA, uma chance de REFLEXÃO e uma fonte de NOVAS IDEIAS.

A *estrutura* significa que você tem nas mãos um mapa que o orientará diariamente ao longo do caminho de mudança. O itinerário da jornada de cada dia é explicado detalhadamente. Uma vez que você tenha assumido um compromisso inicial de seguir esse caminho, você poderá simplesmente relaxar diante do que há para ser feito naquele dia, naquele momento.

O espaço para breves *reflexões* está inserido no esqueleto do livro. Elas lhe dão a chance de fazer uma pausa, recuar e enxergar com mais clareza o que está acontecendo na mente, no corpo e no mundo à sua volta. A partir dessas reflexões, novas ideias poderão surgir.

O livro apoia, adicionalmente, o desenvolvimento de novas ideias, apresentando, depois de cada prática ou exercício, um diálogo que reflete aspectos do que outros participantes descobrem durante a atividade. A leitura desses diálogos o ajudará a encontrar significado e coerência no que vem acontecendo com você também. Dessa maneira, ao se aproximar da sua própria experiência, você começa a fazer as suas próprias descobertas e a compreender as possibilidades de uma maior liberdade e bem-estar.

Para muitas pessoas é mais eficaz usar este manual na companhia de outras pessoas, trabalhando na MBCT em um grupo com um professor capacitado.

A configuração do livro

Nos Capítulos 2 e 3 examinamos questões fundamentais: por que nos encontramos, repetidamente, imersos na depressão ou emperrados na angústia emocional? De que maneira as práticas e os exercícios do programa de oito semanas da MBCT fazem diferença? Como tudo isso poderá ajudá-lo?

Com esse entendimento bem fixado, o Capítulo 4 examina qual a melhor maneira de você se preparar para o curso. Depois, nos sete capítulos seguintes, avançamos, passo a passo, semana por semana, pelos aspectos práticos do programa.

Finalmente, no último capítulo do livro, olhamos para o futuro. Analisamos como, caso deseje, você poderá alimentar ainda mais e ampliar as maneiras pelas quais a atenção plena pode transformar e enriquecer a sua vida.

> "Desde que fiz o programa tenho sido capaz de me divertir e estar no presente... compreendendo que este é o único momento que eu tenho para viver... portanto, em vez de me preocupar constantemente a respeito do futuro e pensar nos meus fracassos passados, posso abraçar de modo mais equilibrado o momento presente.
>
> "Não é exagero afirmar que a MBCT me transformou praticamente de todas as maneiras possíveis."

Depressão, Infelicidade e Angústia Emocional

POR QUE FICAMOS EMPERRADOS?

Jani frequentemente acordava muito cedo, pela manhã, sem conseguir dormir, com uma sensação de peso no corpo e os pensamentos girando na cabeça; era impossível desligá-los. Ela às vezes se levantava para tomar uma xícara de café, se sentava na cozinha com um cobertor em volta dos ombros e lia partes de qualquer revista que ela ou a moça com quem dividia o apartamento tivesse deixado por ali ou abria o *laptop* na tentativa de responder a e-mails que tinham chegado durante a noite. Finalmente, exausta, voltava para a cama, apenas para descobrir que os pensamentos continuavam, girando sem parar, mas agora com uma nova voz: "Isso é terrível. Você vai ficar cansada demais para conseguir pensar direito hoje. Por que isto está acontecendo de novo? Por que você nunca consegue se controlar? O que está errado com você?".

Para qualquer pessoa já seria péssimo acordar cedo dessa maneira. Mas a mente de Jani tornava as coisas ainda piores.

Ao reler a história, você consegue enxergar quaisquer semelhanças entre as maneiras pelas quais a "nova voz" acrescentou a sua própria idiossincrasia à aflição de Jani e à sua própria experiência passada?

Assinale qualquer um dos comentários que você reconheça:

☐ A voz acrescentou a própria interpretação catastrófica ("Isso é terrível") à situação.
☐ A voz estava certa de que haveria consequências horríveis ("Você vai ficar cansada demais para conseguir pensar direito hoje").

A voz fez perguntas irrespondíveis cujo efeito foi:

☐ trazer à mente momentos do passado em que as coisas tinham dado errado ("Por que isto está acontecendo de novo? Por que você nunca consegue se controlar?)

☐ focalizar a atenção em fraquezas e fracassos ("O que está errado com você?").

A experiência de Jani ilustra uma verdade crucial e inesperada:

A infelicidade em si não é o problema

A infelicidade faz parte da condição humana normal. Ela é uma reação natural a certas situações. Se a deixarmos por conta própria, a infelicidade passará no seu devido tempo, com frequência surpreendentemente rápido.

No entanto, de alguma maneira, a maioria de nós não se sente capaz de deixar que as coisas sigam o seu rumo natural — quando nos sentimos tristes ou infelizes, achamos que **temos de *fazer* alguma coisa**, mesmo que seja apenas tentar entender o que está acontecendo.

> **Paola:** "Eu simplesmente não consigo deixar pra lá quando estou com essa disposição de ânimo. De certa maneira sei que não me faz bem ficar preocupada e remoer as coisas, mas não consigo evitar".

De modo paradoxal, são exatamente essas tentativas de nos livrar dos indesejados sentimentos infelizes que nos aprisionam em uma infelicidade cada vez mais profunda.

As nossas reações à infelicidade são capazes de transformar o que poderia normalmente ser uma tristeza breve e passageira em insatisfação e infelicidade persistentes.

Vamos examinar mais de perto o que está acontecendo aqui.

Podemos distinguir três estágios cruciais:

Estágio 1: Surge a infelicidade.

Estágio 2: A disposição de ânimo infeliz traz à baila padrões de pensamento e sentimentos negativos, além de memórias do passado — o que nos deixa ainda mais infelizes.

Estágio 3: Tentamos nos livrar da infelicidade de maneiras que, na verdade, a alimentam e apenas tornam as coisas piores.

Os ecos do passado

Alguns anos atrás, Jani estava totalmente estressada com a quantidade de trabalho que esperavam que ela fizesse no seu emprego. Ela ficava muito desanimada e tentava "recuperar o autocontrole", mas acabava indo ao médico, o qual lhe receitava um medicamento antidepressivo, e isso a ajudava um pouco.

Ela acabou deixando aquele emprego, mas de algum modo ainda se culpava por ter entregado os pontos. Agora, sete anos depois, nas primeiras horas da manhã, enquanto se debatia com o fato de não conseguir dormir, mas sem estar realmente acordada, e ao pensar no dia que teria pela frente, um eco do passado fazia com que ela se sentisse pior.

> Pense em uma ocasião na qual a sua disposição de ânimo tenha começado a piorar. Assinale quaisquer das seguintes palavras que descrevam como você estava se sentindo naquela ocasião — faça isso mesmo que você tenha se sentido assim apenas ligeiramente.
>
> ☐ abatido ☐ deprimido ☐ desanimado ☐ um fracasso
> ☐ inadequado ☐ fraco ☐ um perdedor ☐ patético
> ☐ triste ☐ detestável ☐ infeliz ☐ inútil

Existem na verdade dois tipos diferentes de palavras nessa lista. Algumas são simplesmente descrições de disposições de ânimo ou sentimentos (*abatido, deprimido, desanimado, fraco, triste, infeliz*). As outras descrevem sentimentos que também dizem alguma coisa a respeito do tipo de pessoa que você é (*um fracasso, inadequado, um perdedor, patético, detestável, inútil*).

> Se você já esteve deprimido no passado, pensamentos de autocrítica ou a ideia de ser um fracasso têm uma probabilidade muito maior de ser ativados por disposições de ânimo tristes.

Pesquisas que usaram essa lista de palavras descobriram uma coisa muito importante.

Se você esteve gravemente deprimido no passado, ao começar a se sentir desanimado agora — *independentemente do motivo* — você fica muito mais propenso a se sentir mal com relação a si mesmo (e, portanto, a marcar palavras como *um fracasso*) do que alguém que nunca tenha estado tão deprimido.

Isso acontece porque, sempre que estamos com uma disposição de ânimo sombria, a mente é dominada por padrões de pensamento extremamente negativos — como achar que não valemos nada, que desapontamos outras pessoas, que a vida é repleta de dificuldades insuperáveis, que não existe nenhuma esperança no futuro.

> **Bill:** "Em linhas gerais, eu sinto que simplesmente não sou bom o bastante — e, mais cedo ou mais tarde, os outros vão descobrir isso".

São formados vínculos entre esses padrões de pensamento e a disposição de ânimo deprimida e infeliz.

Depressão, infelicidade e angústia emocional 25

O resultado? A disposição de ânimo de tristeza se manifesta e os antigos padrões negativos de pensamento vêm logo atrás.

De modo trágico, esses são exatamente os sentimentos e padrões de pensamento que fazem com que qualquer pessoa fique ainda mais deprimida.

Anna: "Lá vou eu de novo. Eu me sinto como se não tivesse um futuro; que nada funcionou para mim no passado e nada vai mudar. Acho que não consigo aguentar muito mais".

E, assim, o ciclo continua: se você já ficou profundamente deprimido, é muito mais fácil resvalar novamente na depressão.

Não são apenas os padrões de pensamento que podem ser despertados. Os períodos de depressão são frequentemente desencadeados por experiências de uma grande perda, rejeição ou fracasso.

Quando você volta a se sentir triste ou deprimido, as lembranças dessas perdas e rejeições — e todo o peso da tragédia delas — podem se abater sobre você como um maremoto. Desse modo, esses pensamentos e memórias farão com que você fique ainda mais triste, adicionando as idiossincrasias deles a uma espiral de disposição de ânimo que piora cada vez mais.

No caso de Jani, a frustração por não conseguir dormir e os receios de não ser capaz de lidar com as exigências do emprego evocaram recordações que a fizeram se sentir ainda pior:

Exatamente como a depressão de Jani, outras emoções podem deturpar a nossa experiência de maneiras sutis (e não sutis), com consequências que nem sempre podemos enxergar de modo claro.

Olga: "O que vai acontecer se Bob ficar doente de novo? Será que vou conseguir aguentar? Não quero ficar sozinha".

As disposições de ânimo e os sentimentos podem desencadear padrões "compatíveis" de pensamento, memória e atenção, o que então torna os sentimentos ainda mais intensos e persistentes.

Por exemplo:
- Sentimentos de ansiedade podem despertar padrões inquietantes de pensamento — criando mais ansiedade, preocupações e temores.
- Sentimentos de irritação e frustração podem nos levar a culpar e criticar outras pessoas, fazendo com que fiquemos ainda mais zangados e frustrados.

> **Scott:** "G. não tinha o direito de fazer isso. Se ele fizer isso de novo, será a última gota. Eu é que devo ser responsável por administrar esse projeto, não ele".

- Quando ficamos estressados demais devido a exigências excessivas, os sentimentos de pressão podem despertar o receio de ficarmos oprimidos e nos levar a ficar ainda mais atarefados e estressados.

> **Pearl:** "Ninguém mais pode fazer isso. Eu é que tenho que resolver tudo. Esse prazo final é realmente importante".

A boa notícia é que, com o entendimento e as habilidades corretas, podemos escapar desses ciclos viciosos de disposição de ânimo e pensamentos.

Temos visto, repetidamente, pessoas aprenderem a reconhecer esses padrões de pensamento pelo que eles de fato são — apenas padrões de pensamento — e depois habilmente se desembaraçarem deles refocalizando a atenção.

O problema é que a maioria de nós, embora não por culpa nossa, não possui nem o entendimento nem as habilidades adequadas. Na realidade, você talvez tenha descoberto que os seus esforços mais bem-intencionados obtêm exatamente o efeito oposto do que você pretendia alcançar.

Vejamos como isso acontece.

Como tentar escavar um caminho a fim de escapar dos problemas pode acabar nos enterrando neles ainda mais profundamente

> **Carmen:** "Se eu não cair fora disso logo, vou 'pirar' de novo. Tenho que fazer alguma coisa".

> **Tony:** "Eu tinha tantos planos quando era jovem. Para onde eles foram? Como acabei desse jeito? O que há comigo? O que está errado comigo?".

Se no passado você teve a experiência de o seu baixo-astral descambar para uma depressão mais profunda, você saberá o quanto isso pode ser horrível. É completamente compreensível sentir o anseio de se livrar dessa disposição de ânimo e interromper a descida em direção a uma coisa mais profunda.

Da mesma maneira, se o fato de você se sentir exausto e incapaz de desfrutar a vida desperta uma profunda dúvida a respeito do seu valor como pessoa, o que poderia parecer mais importante do que fazer alguma coisa a respeito?

Se olharmos com atenção, poderemos ver o que está acontecendo aqui:

A mente está tentando se livrar da infelicidade pensando em uma maneira de escapar do problema.

> Pense mais uma vez em uma ocasião na qual você começou a ficar com baixo-astral. Por acaso pensamentos como estes passaram pela sua cabeça?
>
> "O que está errado comigo? Por que eu fico tão infeliz quando outras pessoas parecem ter amigos e ser felizes?"
>
> "O que eu fiz de errado para acabar me sentindo desta maneira?"
>
> "O que vai acontecer comigo se eu continuar a me sentir assim?"

Esse tipo de pergunta não tem uma resposta clara. Não obstante, nós nos sentimos compelidos a pensar nelas sem parar — um processo que os psicólogos chamam de ruminação.

Durante muitos anos a psicóloga Susan Nolen-Hoeksema investigou a ruminação e seus efeitos. As conclusões dela são desoladoras:

Ruminar nos faz sentir ainda pior:

Sofremos a frustração de não conseguir encontrar respostas.

> **Asha:** "Esse pensar em excesso não está me levando a lugar nenhum".

Desencavamos lembranças de fracassos e dificuldades do passado no intuito de entender como as coisas dão errado conosco. Mas nos concentrarmos nas nossas fraquezas e deficiências dessa maneira nos arrasta ainda mais para baixo.

> **Phil:** "Eu sempre fui desse jeito. Tenho certeza de que perdi amigos por ser tão negativo. O que me faz agir assim? Eu me lembro de quando...".

Antevemos os problemas do futuro se as coisas não mudarem e a perspectiva de ter de enfrentar os dias, semanas e meses seguintes nos deixa apreensivos.

> **Diana:** "Alguma coisa na minha vida foi danificada para sempre".

Podemos até mesmo começar a nos perguntar se a vida vale a pena ser vivida.

Longe de nos liberar da espiral descendente, **a tentativa de nos livrar da infelicidade pensando em uma saída é exatamente o que pode aprofundar e prolongar o nosso baixo-astral**. Essa disposição de ânimo traz então à tona mais lembranças e pensamentos infelizes, e assim temos novos temas para ruminar.

Se você esteve clinicamente deprimido no passado, a ruminação pode gerar uma piora na sua disposição de ânimo, que o conduzirá a outro episódio de depressão.

> Antes de mais nada, o problema com depressão, infelicidade e exaustão persistentes e recorrentes não está em nos sentirmos "pra baixo". O problema é o que acontece depois.
>
> *O problema fundamental é como a nossa mente reage ao fato de estarmos nos sentindo pra baixo, com medo, zangados ou cansados.*

Por que ficamos presos em uma luta que não podemos vencer?

A ruminação é capaz de nos causar enormes dificuldades. Pode transformar a simples experiência de uma emoção passageira de tristeza em uma grave depressão, uma emoção passageira de irritação em um sentimento prolongado de indignação e raiva e um momento passageiro de preocupação em um profundo sentimento de ansiedade.

Então, por que fazemos isso? Por que ruminamos, remoemos os problemas e nos preocupamos, quando, longe de nos resgatar das emoções destrutivas, isso na verdade torna as coisas piores?

Para responder a essas perguntas e nos ajudar a entender como poderíamos começar a reagir de um modo diferente, vamos dar um passo atrás e examinar rapidamente a maneira como a mente funciona de um modo mais geral.

O modo mental de fazer

Para resolver um problema ou realizar coisas, a mente costuma funcionar de maneiras previsíveis.

Tomemos, por exemplo, um dia em que você precisa desviar do seu trajeto habitual de volta para casa a fim de deixar uma encomenda na casa de um amigo, mas se dá conta de haver passado do ponto onde tinha a intenção de virar para chegar na rua dele.

Depois de alguns instantes, você percebe que o pacote ainda está no carro e que isso não é o que você pretendia. Você então pensa para **trás**: "Ah, eu deveria ter pego o outro retorno". E você pensa **para a frente**: "O que vou fazer agora?".

Você chega à conclusão de que a maneira mais simples de resolver a situação é voltar e fazer um esforço deliberado, dessa vez, para (1) dobrar na saída que conduz à casa do seu amigo e (2) não passar direto por ela, como você faria normalmente.

Você age em função desses planos, segue o trajeto correto e entrega o pacote para o seu amigo — missão cumprida!

Finalmente, o pacote chegou ao destino dele porque a sua mente utilizou uma rotina mental familiar e bem ensaiada.

Essa rotina nos ajuda a fazer coisas — alcançar metas, resolver problemas, mudar situações para torná-las mais parecidas com o que queremos que elas sejam.

Chamamos isso de **modo mental "de fazer"**, cujas características fundamentais estão relacionadas no quadro a seguir.

A fim de trabalhar com eficácia, em cada ponto o modo de fazer precisa *manter na mente*, e depois *comparar*, três ideias:

1. onde você está em cada momento (o **estado corrente**)
2. onde você quer estar (o destino, a **meta** ou o **resultado desejado**)
3. onde você não quer estar (o seu não destino ou o **resultado que você quer evitar**)

Ao manter e comparar essas três ideias na mente, você pode verificar o quanto o estado de coisas atual se coaduna com a meta que você deseja alcançar e o quanto ele é diferente do resultado que você quer evitar.

Saber se essas diferenças estão aumentando ou diminuindo possibilita que o modo de fazer "conduza" a mente e o corpo na direção certa e chegue ao resultado desejado e/ou evite o destino indesejado.

Nós não estamos necessariamente conscientes de todos esses processos. Muitos deles são realizados de modo automático em segundo plano na percepção consciente.

Por meio da mesma estratégia de "fazer", a mente humana é capaz de alcançar algumas metas extraordinárias, como desenvolver computadores, construir cidades e colocar o homem na lua.

As Sete Principais Características do Modo de Fazer

1. Ele costuma entrar em operação *automaticamente*.
2. Usa *pensamentos e ideias*, mantendo-os na mente enquanto você trabalha.
3. *Ele se concentra no passado e no futuro* para ajudá-lo a chegar aonde você deseja estar.
4. Mantém na mente o que deve ser evitado – o lugar onde você *não* quer parar.
5. *Precisa que as coisas sejam diferentes*, concentrando-se eternamente na lacuna entre o lugar onde você está e aquele em que deseja estar.
6. Ele considera que os *pensamentos/ideias são reais* (não seria útil que você ficasse duvidando do seu destino).
7. Se deixado por conta própria, ele *continua a se concentrar na meta* até que a tarefa esteja concluída ou até que você fique desgastado e cansado demais para prosseguir. As exigências do modo de fazer podem ser bastante *duras* e *desagradáveis*.

Se fazer é tão útil, o que sai errado?

Se quisermos alcançar metas realizando mudanças no mundo à nossa volta — como construir uma casa —, o modo mental de fazer será brilhantemente eficaz.

Por conseguinte, faz sentido que a mente se volte para a mesma estratégia básica quando queremos alcançar metas no nosso mundo interior, pessoal — metas como nos sentir felizes, sem ansiedade, ser uma pessoa espontânea ou não ficar deprimido.

É aqui que as coisas saem terrivelmente erradas.

Isso acontece porque aqui há uma importante diferença. Para resolver problemas, o modo de fazer precisa manter na mente as ideias de onde nós estamos, onde queremos estar e onde não queremos estar. Para que isso funcione, essas questões precisam estar nos bastidores da mente o tempo todo até que o problema seja resolvido ou descartado.

No caso de problemas *externos*, como dirigir até um destino, manter essas ideias na mente não afeta a distância que nos resta percorrer.

Mas e nas ocasiões em que a meta é *interna* — ser feliz, *não* alimentar sentimentos indesejados ou *não* ser determinado tipo de pessoa?

Lembre-se de como o modo de fazer funciona. Agora temos de manter na mente "Sou infeliz"; "Eu gostaria de ser mais feliz"; "Não quero que esses horríveis sentimentos voltem". O que acontece?

> Experimente dizer as seguintes frases para si mesmo duas ou três vezes:
> *"Sou infeliz."*
> *"Eu gostaria de ser mais feliz."*
> *"Não quero que esses horríveis sentimentos voltem."*

> O modo de fazer precisa manter na mente a disparidade entre o tipo de pessoa que nós somos e o tipo de pessoa que queremos ser. Mas isso apenas nos faz lembrar de como estamos distantes de onde queremos estar, o que gera mais infelicidade.

Qual foi a sua experiência? Você provavelmente se sentiu pior. É como a maioria das pessoas se sente.

A lacuna entre onde você está agora e onde você deseja estar simplesmente **aumentou**.

Os problemas não acontecem porque mantemos as ideias na mente, e sim porque as **comparamos**.

Às vezes, a mente consegue perceber o que está acontecendo e simplesmente abandona o projeto a fim de se livrar por completo dos sentimentos indesejados.

Em outras ocasiões, a mente se sente compelida a continuar: se tivermos tido muitas experiências em que a tristeza conduziu à depressão, haverá um *medo* compreensível da infelicidade – sentiremos a necessidade de evitar nos sentir infelizes a todo custo.

Acreditamos que, dessa maneira, conseguiremos não escorregar de volta para as profundezas da confusão emocional. Nesse caso, a mente simplesmente não consegue desistir; ela sente que precisamos, *a todo custo*, ficar livres dos sentimentos negativos.

É aqui que o modo de fazer se torna o modo de "**compulsão de fazer**":

A *compulsão de fazer* é o modo mental no qual sentimos que simplesmente não podemos deixar de tentar o que queremos ou ficar livres do que não queremos.

A preocupação ruminativa é apenas uma forma da compulsão de fazer, por meio da qual a mente *redobra os esforços* de aplicar o poder do modo de fazer a um problema para o qual ela é tragicamente inadequada.

A ruminação se volta para o modo de fazer a fim de "corrigir" a tristeza e a infelicidade, porque esse padrão mental realmente funciona muito bem quando temos de fazer coisas no mundo exterior.

Mas quando se trata de corrigir o que está acontecendo no nosso mundo interior, no que vemos como "eu", a ruminação e o fazer dão desastrosamente errado.

Então, em vez disso, o que podemos fazer?

O processo de reagir mais habilmente envolve dois passos:

1. Aprender a reconhecer a preocupação ruminativa e o fazer compulsivo quando eles surgem na nossa experiência a cada momento e enxergá-los como eles realmente são.
2. Cultivar um modo mental alternativo que nos permita reagir mais habilmente à tristeza, à infelicidade e a outras emoções desagradáveis e experiências interiores indesejadas.

No Capítulo 3 vamos introduzir esse modo alternativo e descrever em que ponto e como a atenção plena se encaixa no plano global das coisas.

Fazer, Ser e a Atenção Plena

Fazer é apenas um de muitos diferentes modos nos quais a mente pode funcionar.

De certa maneira, podemos pensar nesses diferentes modos como semelhantes a diferentes marchas e um carro, com cada modo mental atendendo a uma função ou um propósito diferente.

E assim como um carro só pode usar uma marcha de cada vez, a mente só pode estar em um único modo de cada vez.

Isso é realmente importante, porque significa **que podemos nos libertar de quaisquer problemas que o modo de fazer crie deslocando-nos para um modo diferente**; podemos aprender a "trocar a marcha mental".

Desenvolva um modo mental diferente

Na página ao lado, resumimos as sete características fundamentais da mente que faz, introduzidas no Capítulo 2. Ao lado de cada característica há um espaço para você escrever uma ou duas palavras a fim de descrever o oposto dessa característica. A primeira é o exemplo. Qual seria uma boa alternativa para o modo de fazer?

As sete principais características do modo de fazer:

1. Frequentemente automática.
2. Trabalha por meio do pensamento.
3. Concentra-se no passado e no futuro.
4. Procura evitar experiências desagradáveis.
5. Requer que as coisas sejam diferentes.
6. Considera os pensamentos/ideias como sendo reais.
7. Concentra-se no que precisa ser feito, desconsiderando efeitos secundários indesejados, como sermos indelicados conosco ou com os outros.

Alternativa possível:

1. *deliberada, proposital*
2. _____
3. _____
4. _____
5. _____
6. _____
7. _____

Ser e fazer

Boas notícias. **Temos** uma alternativa maravilhosa para o modo mental de fazer. É o modo de **ser**. Esse é um modo com o qual a maioria das pessoas não está muito familiarizada, mas o exercício que você acaba de realizar talvez tenha dado pistas do que se trata.

Nas páginas seguintes, descreveremos o modo de ser, comparando-o, característica por característica, com as sete características fundamentais do modo de fazer.

Um dos objetivos dominantes do programa da MBCT é que você aprenda a reconhecer esses dois modos na sua vida no intuito de saber quando mudar de fazer para ser.

Como passo inicial, nós o convidamos a avaliar, característica por característica, o equilíbrio entre o fazer e o ser na sua experiência do dia a dia. Faça um círculo em volta da frase apropriada depois de cada par de quadros para indicar a sua avaliação.

1. Viver no "piloto automático" versus viver com percepção consciente e escolha

NO MODO DE FAZER nós vivemos grande parte do tempo no piloto automático: dirigimos, caminhamos, comemos e até falamos sem estar claramente conscientes do que estamos executando. O fazer tem início automático sempre que existe uma divergência entre onde estamos e onde queremos estar. Concentrando-nos limitadamente nas nossas metas, é raro prestarmos atenção nas maravilhas acontecendo à nossa volta enquanto avançamos pela vida. Podemos deixar escapar grande parte da nossa vida, adiando de modo contínuo a ocasião em que ela será menos frenética e então voltaremos a reparar novamente nas coisas.

O MODO DE SER *é intencional, em vez de automático. Isso significa que podemos escolher o que fazer em seguida, em vez de funcionar baseados em hábitos antigos e desgastados. Isso nos possibilita enxergar as coisas como se fosse a primeira vez. Nós "voltamos a habitar" o momento presente e nos tornamos conscientes da nossa vida. Ser confere frescor à nossa percepção. Nós nos tornamos de novo plenamente vivos e conscientes.*

Com base nessa característica, qual das seguintes afirmações descreve o equilíbrio entre o fazer e o ser na sua vida a cada dia? (Faça um círculo em volta de uma delas.)

Mais fazer do que ser   O fazer e o ser estão equilibrados   Mais ser do que fazer

2. Relacionar-se com a experiência por meio do pensamento *versus* sentir diretamente a experiência

O MODO DE FAZER funciona baseado em *ideias* — são as metas. Ele pensa *a respeito* do mundo que habitamos, *a respeito* do tipo de pessoa que somos, *a respeito* dos sentimentos, sensações e pensamentos que temos — os pensamentos preenchem a nossa mente grande parte do tempo. Quando lidamos com um pensamento a respeito da vida como se ele fosse a "coisa real", nós vivemos um passo atrás da vida — nós nos conectamos indiretamente com ela por meio de um véu de pensamentos que lhe removem a cor, a vitalidade e a energia.

NO MODO DE SER *nós nos conectamos diretamente com a vida — nós a sentimos, a vivenciamos, a conhecemos intimamente com estreita familiaridade. Obtemos uma amostra da abundância e das maravilhas em constante transformação da experiência da vida.*

Para essa característica, avalie o equilíbrio entre o fazer e o ser na sua vida (faça um círculo em volta de uma das seguintes afirmações):

Mais fazer do que ser   O fazer e o ser estão equilibrados   Mais ser do que fazer

3. Viver e se concentrar no passado e no futuro *versus* estar plenamente no momento presente

NO FAZER, nós nos envolvemos em uma viagem mental no tempo. A nossa mente avança para o futuro — para as nossas ideias de como queremos que as coisas sejam — ou volta ao passado, para lembranças de situações semelhantes, a fim de ver que orientação elas podem oferecer. No tempo mental, nós nos sentimos como se estivéssemos mesmo *no* futuro ou *no* passado. Isso nos impede de vivenciar a plenitude da vida no presente. Podemos facilmente acabar ruminando coisas do passado, vivenciando de novo a dor de perdas e fracassos anteriores. Ao nos preocupar com o futuro, sentimos medo e ansiedade com relação a ameaças e perigos que talvez nunca venham a acontecer.

NO SER, *a mente está concentrada, aqui, agora, neste momento, plenamente presente e disponível para o que quer que o universo possa oferecer. Podemos ter pensamentos a respeito do futuro e recordações do passado — mas, de modo crucial, nós os experimentamos como partes da nossa experiência atual. Nós os presenciamos sem ser arrastados para os mundos passados ou futuros que os pensamentos poderiam de outra maneira criar.*

Para essa característica, avalie o equilíbrio entre o fazer e o ser na sua vida (faça um círculo em volta de uma das seguintes afirmações):

| Mais fazer do que ser | O fazer e o ser estão equilibrados | Mais ser do que fazer |

4. Precisar evitar, escapar ou se livrar da experiência desagradável *versus* abordá-la com interesse

NO MODO DE FAZER, a reação imediata e automática a qualquer experiência desagradável é definir uma meta — evitar a experiência, afastá-la, livrar-nos dela ou destruí-la. Essa reação é chamada de **aversão**. A aversão está por trás de todos os padrões de pensamento que nos fazem ficar emperrados em emoções indesejadas.

NO SER, *a reação básica é nos aproximarmos de todas as experiências, até mesmo das desagradáveis, com interesse e respeito. Nós não estabelecemos metas para a maneira como as coisas deveriam ou não ser. Mais exatamente, existe um interesse natural por todas as experiências — sejam elas agradáveis, desagradáveis ou neutras.*

Para essa característica, avalie o equilíbrio entre o fazer e o ser na sua vida (faça um círculo em volta de uma das seguintes afirmações):

| Mais fazer do que ser | O fazer e o ser estão equilibrados | Mais ser do que fazer |

5. Precisar que as coisas sejam diferentes *versus* deixar que as coisas sejam apenas como são

O FAZER é dedicado à **mudança** — a tornar as coisas mais como achamos que elas deveriam ser e menos como achamos que elas não deveriam ser. Como estamos sempre nos **concentrando na lacuna** entre o que é e o que deveria ser, podemos ter um sentimento básico de que nós ou as nossas experiências estamos de alguma maneira aquém das expectativas — nós ou elas simplesmente "não somos bons o bastante". Essa sensação de inadequabilidade pode facilmente se transformar em autocrítica e autorreprovação. Existe uma falta básica de afabilidade com relação a nós mesmos e à nossa experiência.

O SER *traz consigo uma atitude básica de "tolerância" com relação a nós mesmos e à nossa experiência. Não existe nenhuma exigência de que a experiência se harmonize com as nossas ideias de como ela deveria ser — ser permite que a experiência seja exatamente como ela é. Podemos ficar contentes com a experiência, mesmo que a consideremos desagradável. Podemos ficar contentes com nós mesmos, ainda que, a partir da perspectiva do modo de fazer, não sejamos tudo o que deveríamos ser. Essa aceitação radical personifica uma atitude básica de bondade e boa vontade incondicionais.*

Para essa característica, avalie o equilíbrio entre o fazer e o ser na sua vida (faça um círculo em volta de uma das seguintes afirmações):

Mais fazer
do que ser

O fazer e o ser
estão equilibrados

Mais ser
do que fazer

6. Ver os pensamentos como verdadeiros e reais *versus* vê-los como eventos mentais

O MODO DE FAZER trata os pensamentos e ideias a respeito das coisas como se eles fossem as próprias coisas. No entanto, **o pensamento a respeito de uma refeição não é a refeição em si** — um pensamento é apenas um evento mental — muito, muito diferente da experiência da qual ele se ocupa. Se nos esquecermos disso e tratarmos os pensamentos como uma realidade, quando pensarmos "Eu sou um fracasso", poderemos nos sentir como se tivéssemos acabado de *ter a experiência* de ser um fracasso.

NO SER, *nós vivenciamos os pensamentos como parte do fluxo da vida — exatamente da mesma maneira como experimentamos as sensações, os sons, os sentimentos e as coisas que vemos. Cultivamos a capacidade de vivenciar os pensamentos como pensamentos — eventos mentais que entram e saem da mente. Com essa mudança, nós despojamos os pensamentos do seu poder de nos perturbar ou de controlar as nossas ações. Quando enxergamos os pensamentos pelo que eles são — apenas pensamentos, nada além de eventos mentais passageiros —, podemos vivenciar uma sensação maravilhosa de liberdade e bem-estar.*

Para essa característica, avalie o equilíbrio entre o fazer e o ser na sua vida (faça um círculo em volta de uma das seguintes afirmações):

Mais fazer
do que ser

O fazer e o ser
estão equilibrados

Mais ser
do que fazer

7. Priorizar a consecução de metas *versus* a sensibilidade para necessidades mais amplas

NO MODO DE FAZER, podemos ficar concentrados, de modo incessante, em perseguir metas e planos extremamente absorventes e desgastantes com uma espécie de estreiteza de visão, excluindo tudo o mais, inclusive a saúde e o bem-estar pessoais. Podemos desistir de atividades reconfortantes para nos concentrar no que parece ser mais importante. Os nossos recursos internos podem ficar desgastados, deixando-nos esgotados, apáticos e exaustos.

NO SER, *permanecemos sensíveis à imagem mais ampla. Conscientes dos custos de um foco estreito na tentativa de alcançar as metas, podemos equilibrar a realização com uma espécie de interesse compassivo pelo nosso bem-estar e pelo bem-estar dos outros. Valorizamos a qualidade do momento, em vez de nos concentrarmos apenas na meta distante que imaginamos.*

Para essa característica, avalie o equilíbrio entre o fazer e o ser na sua vida (faça um círculo em volta de uma das seguintes afirmações):

| Mais fazer do que ser | O fazer e o ser estão equilibrados | Mais ser do que fazer |

O que você notou a respeito do equilíbrio global do "fazer" e do "ser" na sua vida?

É bastante provável que, como a maioria das pessoas, você tenha reconhecido o modo de fazer presente grande parte do tempo. O problema é que, uma vez estando no modo de fazer, a mente pode, com extrema facilidade, escorregar para o fazer compulsivo: você corre de uma tarefa para outra sem realmente saber o que está fazendo, não raro criticando duramente a si mesmo, sentindo de modo vago que há mais coisas na vida do que isso. Em contrapartida, o "modo de ser" pode parecer uma terra distante, um lugar que você raramente visita ou sabe como encontrar.

Independentemente do que você descobrir a respeito de quanto o modo de fazer domina a sua vida, a boa notícia é que **reconhecer isso** é o primeiro passo em direção a um modo de vida diferente.

Por quê?

Porque se pudermos **enxergar claramente** os diferentes disfarces nos quais o modo de fazer aparece na vida do dia a dia, veremos de que maneira, característica após característica, o modo de ser oferece uma alternativa que nos liberta do domínio da mente ruminativa atormentada:

- Ser é uma maneira de sairmos da nossa cabeça para experimentar, de modo efetivo, o que está aqui neste momento — em vez de ficar pensando incessantemente a respeito do assunto.
- Ser faz com que aceitemos a nós mesmos e a nossa experiência — em vez de nos concentrarmos nas maneiras pelas quais ambos ficam aquém das expectativas e precisam ser mudados.
- Ser possibilita ver que os pensamentos não refletem necessariamente a realidade, que são apenas eventos mentais, privando dessa maneira os pensamentos do seu poder de impelir a nossa disposição de ânimo ainda mais para baixo.

- Como um bônus, ser também possibilita que estejamos plenamente presentes com a nossa experiência neste exato momento. De modo surpreendente, essa simples mudança pode abrir a porta para uma nova maneira de viver a vida.

Em que ponto, então, a atenção plena se encaixa nesse quadro?

A atenção plena

O que é atenção plena?

Atenção plena é a percepção consciente que emerge quando prestamos atenção de uma maneira particular às coisas como elas são: deliberadamente, no momento presente e de uma maneira imparcial. A atenção plena possibilita que enxerguemos de modo claro o que quer que esteja acontecendo na nossa vida.

A que posso dedicar a atenção plena?

Podemos dedicar a atenção plena a todos e quaisquer aspectos da nossa experiência — sensações no corpo, sentimentos e o que percebemos por meio dos nossos órgãos sensoriais: a visão, o olfato, a audição, o tato e o paladar.

Pesquisas realizadas no mundo inteiro mostram que a prática diária da atenção plena possibilita estarmos totalmente presentes na nossa vida, melhora a qualidade de vida e aprimora os nossos relacionamentos.

Ao possibilitar que estejamos totalmente presentes, a atenção plena nos ajuda a reconhecer e abandonar as reações emocionais automáticas e habituais aos eventos do dia a dia. Ela nos proporciona uma abordagem cientificamente pesquisada para o cultivo da clareza, do discernimento e da compreensão.

A atenção plena não eliminará toda a dor e o estresse da vida, mas pode nos ajudar a reagir a eles de uma maneira mais delicada e compassiva para com nós mesmos e aqueles que nos cercam.

Como a bondade e a compaixão se encaixam na atenção plena?

Um professor muito experiente expressou isso da seguinte maneira:
"A qualidade da atenção plena não é uma presença neutra ou inexpressiva. A verdadeira atenção plena está impregnada de calor, compaixão e interesse".
Para que a atenção plena possa transformar a dor e o sofrimento emocionais, ela precisa ter como aspectos essenciais a bondade, o calor e a compaixão.

A ênfase no calor e na compaixão da verdadeira atenção plena ecoa os temas da abordagem, da aceitação e do cuidado com nós mesmos e com os outros, os quais caracterizam o modo de ser.

Cultivar essas qualidades de boa vontade se contrapõe às qualidades da má vontade — não querer — que nos mantêm emperrados na angústia emocional.

Existem muitos outros notáveis paralelos entre a atenção plena e o modo mental de ser. Na realidade, foi constatado que:

> A prática da atenção plena é o caminho para cultivar o modo mental de ser.

A prática da atenção plena

A atenção plena liberta a mente que estava aprisionada devido ao excesso de utilização do modo mental do fazer compulsivo.

A atenção plena é cultivada por meio do suave aprendizado de como prestar deliberadamente atenção, no momento presente, de uma maneira imparcial, às coisas como elas são. Essa prática, também conhecida como *meditação* da atenção plena, é a essência da MBCT.

Tudo no programa de oito semanas da MBCT foi concebido para ajudá-lo a se tornar mais consciente dos sete sinais do fazer compulsivo e cultivar o precioso potencial humano para a atenção plena que todos possuímos:

- Aprendemos a despertar do piloto automático de maneira a não sonambular durante os momentos da nossa vida.
- Aprendemos a nos aproximar diretamente da nossa experiência — em vez olhar para a vida por meio de pensamentos focalizados apenas na obtenção de metas particulares.
- Vivenciamos um modo no qual estamos aqui, no momento presente, em vez de perdidos em uma viagem do tempo mental.
- Descobrimos de primeira mão como viver com atenção plena possibilita enxergarmos com mais clareza os pequenos pontos de reatividade que podem facilmente se transformar em confusão emocional. A atenção plena significa que podemos fazer escolhas mais conscientes nesses pontos — podemos nos deslocar de **reagir** para **responder**.
- Vemos como esse modo de ser revela uma postura básica de bondade calorosa e compaixão para conosco e a nossa experiência.
- Aprendemos a nos relacionar com os pensamentos pelo que eles são — eventos mentais —, em vez de "mim" ou "realidade".
- Cultivamos a nossa capacidade de nos reconfortar, em vez de ficar exaustos ao tentar atingir metas com a exclusão de tudo o mais.

De todas essas maneiras, a prática da atenção plena cultiva uma poderosa e cativante alternativa ao modo de fazer compulsivo.

Ela interrompe a ruminação e deixa que as emoções negativas desapareçam no seu próprio tempo, sem que fiquemos emperrados em uma longa e persistente angústia.

A atenção plena também produz **uma nova maneira de conhecimento** — um conhecer direto, experiencial e intuitivo: **conhecer o que estamos vivenciando enquanto o estamos vivenciando.**

> A atenção plena significa que podemos conhecer o nosso modo mental de momento a momento. Isso significa que podemos estar conscientes quando estivermos prestes a cair no domínio do modo do fazer compulsivo.
>
> E, exatamente nesse momento, a própria atenção plena abre a porta para as qualidades de ser que promovem a cura e expandem a vida.

Essa nova maneira de conhecimento é fundamental para podermos ir além dos padrões de pensamento, sentimento e comportamento habituais e automáticos que nos aprisionam em um tipo de pensamento ruminativo e tolhem o nosso potencial mais amplo de viver a vida com mais plenitude.

A atenção consciente nos oferece a liberdade de deliberadamente *escolher* e configurar a maneira como respondemos à vida.

A atenção consciente é o coração do programa da MBCT.

Os Capítulos 2 e 3 apresentaram uma forma de compreender como ficamos emperrados em disposições de ânimo indesejadas e como o treinamento da atenção plena pode nos "desemperrar".

No próximo capítulo, nós nos voltamos à prática e examinamos como você pode começar a se preparar para esse treinamento.

Antes de prosseguir, vamos reprisar as principais ideias examinadas até aqui:

- As emoções em si não são o problema; o problema é a maneira como reagimos a esses sentimentos.
- A nossa reação automática "natural" de tentar nos livrar dos sentimentos desagradáveis frequentemente nos mantém aprisionados a esses sentimentos. A preocupação ruminativa pode transformar a tristeza passageira em uma depressão duradoura e receios efêmeros em uma ansiedade persistente.
- A preocupação ruminativa é um produto do modo mental de fazer compulsivo, que trabalha (ineficazmente) para tentar se livrar de sentimentos que não queremos ter.
- Podemos pensar no fazer compulsivo como uma de várias "marchas mentais" nas quais a mente pode operar. Podemos nos libertar da ruminação, da preocupação e do aprisionamento em emoções dolorosas aprendendo a "mudar as marchas mentais".

- *Ser* é uma marcha mental alternativa, que oferece um antídoto eficaz contra o fazer compulsivo — mas poucas pessoas aprenderam a cultivá-la. Cultivar o modo mental de ser abre a porta para um modo de vida completamente novo.
- O treinamento da atenção plena nos ensina a reconhecer a marcha mental em que nos encontramos e como "mudar de marcha" a fim de nos deslocarmos do fazer compulsivo para o ser.
- O treinamento da atenção plena é a essência da MBCT.
- A MBCT é um tratamento clinicamente comprovado. Ela também expande as nossas capacidades mais profundas de viver uma vida mais plena e mais abundante.
- A MBCT funciona nos ensinando a ser mais atentos, bondosos e compassivos.

Este talvez seja o momento adequado para você refletir por alguns minutos sobre como a MBCT poderia ajudá-lo:

De que maneiras a MBCT poderia possibilitar que a sua vida se desenvolvesse em sincronia com os seus desejos mais profundos de maior felicidade e bem-estar?

Neste momento, você provavelmente ainda terá perguntas não respondidas a respeito da MBCT. Mesmo assim, você consegue identificar uma razão pela qual poderia desejar se empenhar em explorar de modo mais detalhado a MBCT?

Sinta-se livre para anotar brevemente os seus pensamentos (você poderá achar interessante rever essas anotações mais tarde à luz de experiências adicionais).

Tenho a intenção de explorar adicionalmente a MBCT porque:

_____
_____
_____
_____
_____
_____
_____
_____

A MBCT: Uma Breve História

As abordagens modernas baseadas na atenção plena tiveram início nos Estados Unidos, no final da década de 1970, quando Jon Kabat-Zinn desenvolveu a redução do estresse baseada na atenção plena (MBSR). A pesquisa pioneira dele encontrou efeitos extraordinários da MBSR na dor crônica e no estresse.

No início da década de 1990, os psicólogos John Teasdale e Mark Williams (do Reino Unido) e Zindel Segal (do Canadá) inferiram que o treinamento da atenção plena poderia causar efeitos poderosos na prevenção da recaída na depressão recorrente. Influenciados por essas ideias, eles criaram o programa de oito semanas da MBCT e começaram a pesquisar a sua eficácia. Ao longo dos últimos vinte anos, eles e outras pessoas deram seguimento a essa pesquisa. Em decorrência disso, a atenção plena passou a fazer parte dos tratamentos psicológicos convencionais baseados em evidências.

Seis testes – realizados no mundo inteiro – avaliaram a MBCT na depressão. Os resultados são impressionantes. Em pacientes com três ou mais episódios anteriores de depressão, a MBCT reduziu a taxa de recorrência ao longo de doze meses em 40% a 50% em comparação com os tratamentos usuais e se revelou tão eficaz quanto os antidepressivos de manutenção na prevenção de novos episódios de depressão. O National Institute for Health and Clinical Excellence (NICE) a recomendou como um tratamento compensador em relação ao custo para evitar a reincidência da depressão.

Está claro agora que o desenvolvimento da MBCT foi não apenas um avanço altamente significativo na terapia baseada em evidências para a depressão recorrente, mas também um marco importante na área da saúde mental, com enorme potencial de importância mundial. A MBCT é uma maneira econômica de reduzir o risco da depressão sem recorrer a medicamentos. Isso coloca o controle de volta nas mãos daqueles que estão sofrendo, os quais podem então usar práticas que qualquer pessoa pode usar, diariamente, onde quer que estejam.

As pesquisas estão demonstrando que a MBCT não apenas evita a depressão grave recorrente, ela pode construir a resiliência, a qual pode ajudar pessoas que sofrem de um vasto leque de problemas emocionais, como ansiedade com relação à saúde, fobia social, pânico, agorafobia, transtorno bipolar e depressão crônica. Existem também evidências de que a MBCT é capaz de ajudar pessoas a lidar com os desafios psicológicos de doenças físicas, como o câncer.

Pesquisas também começaram a revelar os mecanismos por meio dos quais a MBCT tem os seus efeitos benéficos. Como prediz a teoria por trás da MBCT, os aumentos da atenção plena nos participantes da MBCT são um caminho importante por meio do qual a melhora tem lugar. Igualmente importante, sugerem as evidências, são as mudanças na autocompaixão – a maneira como os participantes aprendem a adotar uma atitude mais delicada e amistosa com relação a si mesmos – a ser mais bondosos e mais compassivos, e menos duros, críticos e intolerantes.

Um dos aspectos mais estimulantes das recentes pesquisas tem sido a demonstração de que os tratamentos baseados na atenção plena podem produzir mudanças benéficas e duradouras no nosso cérebro. A atenção plena fortalece as redes do cérebro que regulam a reatividade emocional, reduzindo o tamanho e o impacto da amígdala – o sistema de lutar, fugir ou ficar imobilizado; ela fortalece as redes que estão por trás da nossa capacidade de sentir compaixão por nós mesmos e pelos outros e ela modifica os trajetos que normalmente produzem a ruminação habitual e inútil sempre que uma disposição de ânimo triste se manifesta.

4

A Preparação

Examinamos as maneiras pelas quais podemos ficar emperrados na depressão e em outras emoções difíceis.

Vimos como a prática da atenção plena oferece uma maneira de aprendermos a "desemperrar".

Estamos quase prontos para começar a primeira semana do programa da MBCT. Vamos dar uma olhada primeiro em algumas perguntas práticas que poderão surgir, uma vez que você tenha decidido começar:

> Preciso me matricular em um curso para fazer o programa deste livro?

> Muitas pessoas acham proveitoso ter aulas em grupo quando podem. Isso significa que você estará seguindo o programa amparado pelo companheirismo e pela boa vontade de outras pessoas que também desejam empreender essa jornada de autodescoberta. Em uma turma, você aprende com as experiências dos outros, e cada membro do grupo ajuda os demais a manter o seu compromisso e a motivação. Mas se não houver nenhum curso perto de você, ou se as aulas forem em um horário que você não possa frequentar, é perfeitamente aceitável que você se dedique ao programa sozinho acompanhando-o com o livro e o áudio semana por semana.

> Meu terapeuta poderia fazer o meu acompanhamento ao longo do curso?

> Sim. Um terapeuta ou orientador psicológico qualificado, com experiência específica em MBCT, pode proporcionar apoio e orientação maravilhosos enquanto você se dedica ao programa como parte da sua terapia ou do aconselhamento individual.

> **E se eu não estiver fazendo terapia?**

Isso não é um problema. Você poderá guiar a si mesmo ao longo do programa com a ajuda deste livro, ou poderá pedir a um amigo ou membro da família em quem você confie para ser o seu companheiro na MBCT e fazer o programa com você. Encontrar-se semanalmente com um companheiro pode ser uma tremenda fonte de apoio. O fato de vocês dois trabalharem juntos é uma maneira inestimável de compartilhar experiências e incentivar e fortalecer um ao outro. E o seu companheiro não precisa estar enfrentando as mesmas emoções difíceis que você está, porque a MBCT é apreciada por uma grande variedade de pessoas, com e sem desafios emocionais óbvios.

> **Como posso saber o que seria mais proveitoso para mim? Uma turma, um terapeuta, um companheiro ou fazer o programa sozinho?**

Talvez seja útil perguntar a si mesmo o que geralmente funciona melhor para você.

- Você geralmente aprende melhor concentrando-se sozinho?
- Você se desenvolve e aprende melhor na companhia de outras pessoas (com um elemento "estamos todos juntos nisso")?
- Você se sai melhor sozinho, mas tendo alguém como uma caixa de ressonância e amigo?

Dê a si mesmo um tempo para sentir o que funcionou melhor para você no passado e avaliar se deseja seguir esse padrão. Você poderia, por exemplo, experimentar uma maneira agora e outra mais tarde.

Independentemente da opção que você escolher, é sempre uma boa ideia pensar em *deixar que os amigos ou a sua família tomem conhecimento* da sua intenção de concluir o programa, aconteça o que acontecer. Falar a respeito do seu compromisso dessa maneira para pessoas em quem você confia pode às vezes gerar um apoio vindo de lugares inesperados, exatamente quando ele é mais necessário.

Nadine: "Eu fiz MBCT com uma turma na cidade vizinha, de modo que no início ninguém no meu trabalho sabia de nada — nem mesmo a minha melhor amiga. Acho que, no fundo, eu tinha medo da reação que ela poderia ter. Foi então que, certo dia, na hora do almoço, ela mencionou que andava discutindo muito com a irmã por causa de um assunto de família e que aquilo realmente a estava pondo para baixo. Então, de certa maneira, contei a ela como eu estivera, pelo que eu passara e o que eu estava fazendo a respeito — a atenção plena... as aulas... tudo enfim. Ela foi incrível, e nós duas acabamos chorando".

Preparando-se para extrair o máximo do programa

Não é incomum que as pessoas se vejam diante de desafios quando fazem o programa de oito semanas.

A maioria das pessoas constata que o maior desafio é arranjar tempo.

Quer você esteja trabalhando com uma turma ou sozinho, o programa da MBCT requer que você se dedique seis dias por semana a uma prática de atenção plena (meditação) de 40 minutos — e há também práticas adicionais mais curtas que devem ser feitas em outros momentos do dia. **No total, você deve conseguir uma hora por dia para praticar a atenção plena.**

Repetidamente ficamos impressionados com a coragem e o empenho que os participantes demonstram quando enfrentam esses desafios, os dominam e, quase sem exceções, nos dizem como ficaram satisfeitos por ter permanecido no programa até o fim:

> **Gene:** "Foi realmente muito difícil no começo encontrar tempo para fazer as meditações. Eu tive que acordar mais cedo pela manhã durante as oito semanas do programa (isso foi um problema até que decidi deixar de assistir ao último programa de notícias da noite na televisão e ir para a cama mais cedo). Mas no final eu fiquei mesmo satisfeito por ter concedido ao programa da MBCT o tempo que ele requeria. Eu não fui o único; todos na minha turma concordaram em que essa era a única maneira de obter o máximo benefício".

> **Anna:** "Para mim também! Foi realmente difícil encontrar um tempo em que as crianças me deixassem praticar. Trabalho apenas meio expediente, mas os primeiros dias foram muito difíceis. Tentei me levantar mais cedo, mas o meu filho mais novo parecia ter um sistema de radar que lhe dizia que eu estava acordada, de modo que ele acordava, saía da cama, vinha para o meu quarto e queria brincar... e ele não parecia querer brincar de "meditar". Sendo assim, nos primeiros dias, eu tinha a impressão de estar roubando tempo para mim mesma. Suponho que isso tenha levado dez dias. Posteriormente, descobri momentos — na hora do almoço no trabalho, quando Freddie estava tirando um cochilo, à noite quando as coisas estavam calmas — em que eu conseguia praticar determinada. No início, eu me ressenti de ter de perder a minha novela favorita na televisão, mas então pensei: 'Muito bem, eu quero fazer este programa ou não quero?', e depois ele se tornou mais um oásis do que um fardo".

Assim como Gene e Anna, no início muitas pessoas têm dificuldade para reservar o tempo necessário ao programa, mas a paciência e a persistência acabam vencendo no final.

Este foi o conselho de Anna:

> **Anna:** "Não é fácil encontrar tempo, portanto não se culpe. Tente várias coisas, encarando-as como experiências, e se algo não funcionar, é apenas mais uma informação, em vez de uma razão para se criticar. Além disso, não sou exatamente conhecida como um exemplo de paciência, de modo que se alguém como eu consegue persistir (os meus professores do ensino médio ficariam impressionados!), existe uma chance de qualquer pessoa conseguir. Diga às pessoas que vale a pena, e são apenas oito semanas".

Você poderá achar proveitoso passar alguns instantes refletindo a respeito de como você vai encontrar o tempo que o curso está exigindo que você dedique à prática diária.

Eis algumas sugestões:

Dica: o ideal é que as oito semanas do programa caiam em uma época da sua vida livre de períodos em que você esteja viajando de férias, visitando parentes em outras localidades, em viagens de negócios prolongadas etc.

Dica: faça as meditações mais longas diariamente na mesma hora e no mesmo lugar.

Qual a hora do dia que funciona melhor para você?

De: _____ até: _____

Deixe então que esse seja o seu período para estar consigo mesmo.

Dica: diga às pessoas interessadas que você não estará disponível para atender a porta ou o telefone nessas ocasiões.

Dica: tenha a intenção deliberada de proteger o seu tempo de prática.

Nala: "Inicialmente, eu achei que estava sendo egoísta ao reservar um tempo para mim mesma. Ken tinha de cuidar das crianças, e, quando ele não estava por perto, a minha mãe vinha para a minha casa. Mas às vezes não era possível, e eu tinha de tentar aliar o tempo de alguma maneira com outras atividades.

Mas vários de nós reparamos em uma coisa: depois que reservávamos o tempo para a prática, os nossos parceiros e filhos realmente notavam a diferença e gostavam dela. Eu já estava no programa havia quatro semanas, quando Ken disse o seguinte: 'Alguma coisa mudou; a sua preocupação excessiva com tudo diminuiu'. Isso foi muito legal. Nunca vou me esquecer do que ele disse mais tarde, algumas semanas após o término do curso: 'É maravilhoso ter a minha mulher de volta'".

Proteja o seu tempo de prática.

Como uma leoa que protege os filhotes, proteja o mais ferozmente que você puder esses períodos das exigências de outros compromissos. Lembre-se de que, durante essas oito semanas, esse período diário é o *seu* tempo — tempo para que você fique consigo mesmo.

Se você tiver se matriculado em um curso, insira a data e o horário das reuniões da turma na sua agenda. Se estiver fazendo o programa sozinho, reserve um período mais longo, uma vez por semana, para ler o capítulo que introduz o conteúdo da semana seguinte.

Ser firme para conseguir e proteger o tempo de que você vai precisar para o programa realmente paga dividendos.

Lembre-se de que, no entanto...

Se você estiver muito deprimido ou se a sua vida estiver muito caótica neste momento (ou se você estiver no meio de uma importante mudança na sua vida), provavelmente é melhor esperar até se sentir um pouco melhor, ou até a vida estar um pouco mais calma, para começar o programa.

Se as coisas estiverem mesmo ruins agora e você simplesmente achar difícil demais se concentrar em algumas das práticas, pode ser desanimador se debater com um novo aprendizado. Talvez a atitude mais inteligente seja se permitir esperar um pouco, se você puder, ou, caso você comece, seja muito delicado consigo mesmo.

Questões práticas

Encontrando um lugar para meditar

É melhor escolher um lugar no qual você se sinta à vontade, o mais tranquilo possível, onde você não vá ser perturbado por outras pessoas ou pelo telefone.

Onde será o seu lugar? _____

Providenciando o equipamento

As práticas realizadas em casa geralmente incluirão seguir uma ou mais das práticas guiadas gravadas que acompanha este livro. (Verificar o QR Code na página 237.)

Provavelmente será útil verificar se você tem um equipamento adequado para reproduzir essas práticas guiadas.

Providenciando o equipamento onde você vai se sentar

A meditação na posição sentada é um aspecto fundamental do programa da MBCT.

Você vai ver na página 87 que existem basicamente três opções: sentar-se em uma cadeira, sentar-se no chão sobre almofadas firmes ou sentar-se em um banco de meditação.

Sentar-se em uma cadeira é adequado, mas algumas pessoas acham mais confortável usar almofadas firmes ou um banco feito para essa finalidade. Se você gostaria de explorar uma dessas duas opções, agora é o momento de pensar em adquiri-la.

Um mapa do programa

Ao se preparar para começar essa viagem de autodescoberta, você talvez ache proveitoso ter um mapa da jornada que irá empreender; consulte o quadro da página seguinte.

Em cada semana, você terá a chance de se dedicar a diferentes tipos de prática da atenção plena, especificamente concebidos para lidar com as sete características básicas por meio das quais o modo de fazer compulsivo cria obstáculos à sua paz e ao seu bem-estar.

> **Semana a Semana**
>
> Cada semana se concentra em diferentes aspectos do modo de fazer, a fim de que você aprenda a reconhecer esse modo, sair dele e entrar no modo de ser.
>
> Estes são os temas que você irá explorar:
>
> - Primeira semana — Deixar de viver no "piloto automático" e passar a viver com percepção e escolha conscientes.
> - Segunda semana — Deixar de se relacionar com a experiência por meio do pensamento e passar a senti-la diretamente.
> - Terceira semana — Deixar de viver no passado e no futuro e passar a viver plenamente no momento presente.
> - Quarta semana — Deixar de tentar evitar, escapar ou se livrar da experiência desagradável e passar a lidar com ela com interesse.
> - Quinta semana — Deixar de precisar que as coisas sejam diferentes e passar a permitir que sejam exatamente como elas são.
> - Sexta semana — Deixar de encarar os pensamentos como verdadeiros e reais e passar a vê-los como eventos mentais que podem não corresponder à realidade.
> - Sétima semana — Deixar de ser duro consigo mesmo e passar a cuidar de si com bondade e compaixão.
> - Oitava semana — Planejar um futuro com atenção plena.
>
> Os Capítulos de 5 a 12 apresentam um guia passo a passo detalhado.

Como usar os capítulos de 5 a 12

O capítulo para cada semana está dividido em uma seção de ORIENTAÇÃO seguida por uma seção de PRÁTICA DIÁRIA.

Sugerimos uma utilização ligeiramente diferente dos capítulos dependendo da maneira como você estiver fazendo o programa.

Se você estiver acompanhando o programa como participante de um curso:

Depois de cada sessão semanal do grupo, sugerimos que você leia toda a seção de Orientação como uma maneira de lembrar a si mesmo o que foi abordado no encontro.

Não é necessário realizar as práticas e os exercícios descritos na seção de Orientação, pois você já os fez na sala de aula (mas sinta-se livre para repeti-los, se quiser).

Em seguida, vá para a seção da Prática Diária e siga todas as sugestões contidas nela.

Se você estiver acompanhando o programa como parte de uma terapia ou um aconselhamento individual:

Sugerimos que você use cada capítulo como sugerido pelo seu terapeuta ou orientador psicológico.

Se você estiver acompanhando o curso sozinho ou com um colega de MBCT:

Sugerimos que você leia a seção de Orientação e faça todas as práticas e os exercícios nela descritos. Em seguida, vá para a seção de Prática Diária e siga todas as sugestões presentes nela.

Se você for instrutor de uma turma do curso de MBCT:

Este manual fornecerá aos participantes da sua turma todo o conteúdo de que eles precisam para completar o curso da MBCT.

EXTRAÍDO DE UM E-MAIL QUE RECEBEMOS

"Tenho um incrível sentimento de gratidão para com todos aqueles que trabalharam no projeto da atenção plena para a depressão.

Cheguei ao fundo do poço há cerca de quatro anos e procurei ajuda. O meu orientador psicológico me recomendou a atenção plena, pois estava óbvio que eu tivera problemas com a ansiedade e a depressão durante a maior parte da minha vida. Li o livro, ouvi as meditações, fiz os exercícios e experimentei uma rápida melhora nos sentimentos de bem-estar a curto prazo. Perseverei no programa e, depois de mais ou menos um ano, finalmente consegui, e, dia a dia, estou consciente do meu fluxo de pensamentos e observo os meus 'ônibus' de pensamento passarem por mim sem entrar neles.

Isso realmente mudou por completo a minha vida. Sinto que me compreendo um pouco agora e tenho novamente esperança, de uma maneira sustentável.

Compartilhei essa ideia e o processo com vários amigos que também se beneficiaram deles.

Eu sei que tudo soa como um clichê, mas eu me sinto livre da prisão/do inferno que era a minha mente. O meu potencial está começando a ser liberado aos 50 anos de idade; antes tarde do que nunca!

Sou muito grato a vocês. Vocês não me conhecem, mas, sem querer ser melodramático, vocês realmente salvaram a minha vida.

Não sei se o que estou escrevendo será lido por alguém da equipe, ou se será arquivado como um endosso, mas eu simplesmente senti a necessidade de dizer obrigado."

Michael

Parte II

O Programa da Terapia Cognitiva Baseado na Atenção Plena (MBCT)

Se Eu Pudesse Viver a Minha Vida De Novo

Eu gostaria de cometer mais erros da próxima vez.

Eu relaxaria. Faria um aquecimento. Faria mais bobagens do que fiz nesta vida. Levaria menos coisas a sério. Eu me arriscaria mais. Escalaria mais montanhas e nadaria em mais rios. Tomaria mais sorvete e comeria menos feijão. Eu talvez tivesse mais problemas reais, mas certamente teria menos problemas imaginários.

Quero que vocês entendam que eu sou uma dessas pessoas que vivem sensatamente, hora após hora, dia após dia. Eu tive os meus momentos, e se eu tivesse de fazer tudo de novo, eu teria um maior número deles. Na realidade, eu tentaria não ter nada além deles. Apenas momentos, um depois do outro, em vez de viver tantos anos à frente de cada dia. Eu era uma dessas pessoas que nunca vão a nenhum lugar sem um termômetro, uma bolsa de água quente, uma capa de chuva e um paraquedas. Se eu pudesse viver a minha vida de novo, eu certamente viajaria com bem menos bagagem.

Se eu pudesse viver a minha vida de novo, eu começaria a andar descalça mais cedo na primavera e permaneceria assim até mais tarde no outono. Eu frequentaria mais bailes. Andaria em mais carrosséis. Colheria mais margaridas.

Nadine Stair
85 anos de idade
Louisville, Kentucky

5

Primeira Semana: Além do Piloto Automático

Orientação

Se eu pudesse viver a minha vida de novo...? A depressão e a infelicidade — e a exaustão e o estresse que as acompanham —, todos têm uma coisa em comum: eles nos privam da nossa vitalidade e do nosso brilho.

A atenção plena pode nos ajudar a resgatar a nossa vida.

Como começamos?

Compare duas situações:

- Primeiro cenário: você está conversando com uma criança pequena — andando devagar, parando com frequência, vendo por meio dos olhos dela a extraordinária riqueza de simples objetos. Você está enxergando as coisas como se as visse pela primeira vez.
- Segundo cenário: você está percorrendo de carro um caminho familiar e, de repente, se dá conta de que, por quilômetros, você estava inconsciente do seu ambiente imediato, completamente perdido em pensamentos a respeito de outras coisas. Você estava "dirigindo no piloto automático".

Esses dois cenários refletem a diferença entre realmente viver a vida como ela acontece e a nossa maneira mais habitual de passar apressados por ela — sem ver, saborear, sentir o cheiro ou tocar as coisas —, sem ter contato com o mundo.

Assim como frequentemente "dirigimos no piloto automático", uma reflexão cuidadosa revela que nós também "vivemos no piloto automático" grande parte do tempo.

O problema é que quando estamos desligados dessa maneira, a mente não fica inativa: ela está fazendo aquilo que foi programada para fazer, usando o aparente período de inatividade para ensaiar as coisas que tínhamos planejado fazer ou devanear a respeito do que poderíamos fazer.

No piloto automático, a nossa mente é arrebatada pelo *modo de fazer*, trabalhando nos bastidores sem nosso conhecimento, nosso consentimento ou nossa escolha deliberada.

Uma vez que o modo de fazer esteja se sentindo à vontade na nossa mente, nós podemos facilmente cair no domínio de uma ou outra forma do fazer *compulsivo* — a ruminação que nos faz descer em espiral e mergulhar em outra depressão, a preocupação que nos aprisiona na ansiedade, as exigências prementes que nos fazem sentir ainda mais estressados e exaustos. Viver no piloto automático nos coloca em risco de ficar emperrados em um desses estados mentais negativos.

Ele também nos separa de grande parte do que é positivo na vida, deixando-nos apenas tenuemente conscientes da riqueza e da plenitude dela em cada momento. Quando tudo parece cinzento e esmaecido, a vida não é muito divertida.

> A atenção plena nos oferece uma maneira de despertar do piloto automático.

Então, o que podemos fazer?

Vamos começar a nossa jornada para além do piloto automático com uma nova abordagem de uma parte muito familiar da vida — comer.

Comendo uma uva-passa com atenção plena

Você vai precisar de algumas uvas passas para essa experiência da atenção plena. Instale-se confortavelmente em um lugar onde haja boa luz e você não corra o risco de ser perturbado. Em seguida, guie lentamente a si mesmo ao longo da prática usando as instruções da faixa 2 do áudio (*Exercício da Uva-passa*), a seguir.

DESPERTANDO DO PILOTO AUTOMÁTICO:
MEDITAÇÃO COM A COMIDA

Não se apresse, faça longas pausas entre as instruções e dedique pelo menos 10 minutos a toda a meditação.

- Quando estiver pronto, pegue uma passa e coloque-a na palma da mão... agora leve a atenção à experiência de *ver* o que está na sua mão... Investigue a passa com os olhos, como se você nunca tivesse visto tal objeto antes... preste bastante atenção enquanto examina estreita e cuidadosamente a passa...
- Repare, talvez, como a luz atinge a passa... observe quaisquer sombras, rugas ou vales na superfície dela... partes que são foscas ou brilhantes... Permita-se examiná-la completamente com os olhos... Você pode levantar a passa com o polegar e o indicador, revirando-a para explorá-la por todos os lados...

- Se, enquanto estiver fazendo isso, você tiver pensamentos como "Que coisa estranha eu estou fazendo" ou "Que sentido isso faz?", apenas registre que eles são pensamentos e, da melhor maneira que você puder, leve delicadamente a atenção de volta para a experiência de olhar para a passa.
- E agora, enquanto segura a passa, leve toda a atenção para a experiência do tato, sentindo a passa... Observe qualquer adesividade ou suavidade... se quiser, faça o objeto rolar suavemente entre o polegar e o indicador, reparando em partes que são macias, maleáveis, ou mais densas, até mesmo pontudas... Independentemente do que você descobrir, permaneça consciente da sua experiência agora, neste momento.
- E, quando você estiver pronto, leve a passa ao nariz e mantenha-a lá, inalando e conscientizando-se do que você observa... Repare em qualquer perfume ou aroma que possa estar presente no ar. Caso não haja nada, repare nisso também... conscientize-se de quaisquer mudanças na sua experiência ao longo do tempo.
- Agora, pegue a passa lentamente e prepare-se para colocá-la na boca, consciente do padrão de sensações que se modifica no seu braço enquanto ele se move... Repare como a sua mão e o seu braço sabem exatamente onde colocar a passa. Você pode fechar os olhos neste momento se desejar.
- Coloque a passa na boca, repare se a língua sai da boca para encontrá-la... coloque-a na língua e deixe que ela fique na sua boca, sem mastigá-la... Repare em quaisquer mudanças dentro da sua boca... Explore as sensações de ter a passa na língua. Vire a passa dentro da boca... explore a superfície dela — sentindo os altos e baixos... Desloque-a dentro da boca, para os lados... para o céu da boca.
- Quando estiver pronto, coloque a passa entre os dentes e morda-a... e, muito lentamente, comece a mastigá-la... Repare no que está acontecendo na sua boca... em quaisquer sensações de sabor liberadas pela mastigação... Não se apresse... Observe quaisquer mudanças na boca e na consistência da passa... sinta a dureza da casca... a maciez da polpa.
- Em seguida, quando você se sentir pronto para engolir, veja se consegue detectar primeiro a intenção de engolir quando ela surgir, para que até mesmo isso seja vivenciado conscientemente, antes de você efetivamente ir em frente e engolir a passa.
- Finalmente, acompanhe a sensação de engolir, sinta a passa descendo para o estômago e repare nos efeitos posteriores de ter tido a passa na boca.

> Agora, abra os olhos, caso eles estejam fechados, e conscientize-se novamente do local onde você está.

Como foi a sua experiência?
De que sensações ou sentimentos você se conscientizou? _____

_____
_____
_____
_____
_____

Como isso foi diferente da sua experiência normal de comer?

_____
_____
_____
_____
_____

> **Matt:** "Eu sabia que estava comendo uma passa. A experiência como um todo foi muito mais vívida do que quando eu normalmente empurro um punhado delas na boca ao mesmo tempo".

> **Jani:** "Eu nunca tinha nem mesmo olhado para uma passa antes, e agora, em vez de uma coisa seca e enrugada, ela pareceu multifacetada, como um diamante. Tive de lembrar a mim mesma para não mordê-la de imediato. Explorá-la primeiro com a língua fez com que o ato de mastigar parecesse uma explosão de sabor que havia atingido a minha boca".

> Ficar delicadamente consciente de uma experiência a modifica. Ela pode ficar mais rica, mais interessante ou nova em folha. E isso mostra como somos alheios a uma parte tão grande do que fazemos durante um dia típico.

Aonde a sua mente foi durante o exercício da passa? _____

_____

_____

_____

_____

_____

Você pretendia que a sua mente fosse para onde foi?

Se não pretendia, isso é perfeitamente aceitável. É muito comum descobrir que a mente vagueia bastante. Sara quase se esqueceu completamente do que estava fazendo:

> **Sara:** "Não sei como foi comer a passa. Tudo o que sei é que o fato de ela parecer ressecada me fez pensar em areia quente... o que me fez pensar em férias com os meus pais quando eu era criança... o que me fez sentir saudades da minha mãe... o que me fez pensar que eu preciso me levantar e ligar para ela. Nesse momento, me dei conta de que engolira a passa e de que não tinha nenhuma recordação de tê-la comido".

> A mente tem a sua própria programação. No piloto automático, antigos hábitos mentais definem a programação e podem nos levar a lugares aos quais talvez não escolhêssemos ir.

> Então, o que esse exercício com a passa tem a ver com evitar ficar preso a emoções indesejadas?

> Na verdade, ele é muito importante:
> 1. Ele nos mostra que podemos modificar a nossa experiência apenas mudando a maneira como prestamos atenção a ela — como veremos, isso nos confere uma gama inteiramente nova de opções para nos relacionarmos de uma maneira diferente com emoções desagradáveis.
> 2. Ele nos mostra que a atenção plena nos ajuda a reparar em coisas que, de outra maneira, poderíamos deixar escapar — isso significa que ficamos mais propensos a detectar os primeiros sinais de aviso de que vamos entrar em depressão ou ficar preocupados ou exaustos.
> 3. Mostra como, no piloto automático, o pensamento pode nos levar a lugares aos quais talvez não escolhêssemos ir — podemos optar por voltar de modo deliberado, reconcentrando a atenção na experiência sensorial que estamos tendo neste momento.

Explorando as possibilidades

Agora que você teve uma amostra de como é estar consciente, de uma maneira nova, durante uma atividade aparentemente comum, você talvez seja capaz de pensar em outras rotinas diárias que você faz no piloto automático: tomar banho? escovar os dentes? andar de um cômodo para outro?

Mais tarde, vamos sugerir que você descreva por escrito uma dessas atividades que você poderia realizar de uma maneira mais atenta, como você fez no exercício da uva-passa, como parte da prática diária desta semana.

O exercício da passa abre a porta para a exploração atenta de toda uma esfera de experiência da qual frequentemente não nos conscientizamos — o nosso corpo. A prática diária desta semana traz essa esfera para o primeiro plano em uma meditação conhecida como *body scan* (escaneamento do corpo).

Prática diária

Durante esta primeira semana, pratique cada um dos seguintes exercícios durante seis dos próximos sete dias:
1. *Body scan*
2. Prestar atenção às atividades rotineiras
3. Comer com atenção

1. *Body scan*

Sequestro da atenção

A prática da uva-passa mostra como pode ser difícil nos concentrarmos em uma coisa durante qualquer intervalo de tempo. A atenção é tão facilmente sequestrada por outros interesses que não notamos o quanto a nossa mente parece ter vontade própria.

Ser capazes de focalizar deliberadamente uma única coisa com toda a atenção e sem nos distrair nos confere o poder de despertar do piloto automático.

No entanto, o mais provável é que, como para a maioria das pessoas, não tenham lhe ensinado a treinar esse músculo da atenção.

A fim de aprender como despertar para a vida, praticamos três habilidades fundamentais:
- Dirigir a atenção
- Sustentar a atenção
- Deslocar a atenção

Se você estiver disposto, pode começar este treinamento neste momento. Ele envolverá deslocar a atenção em torno do corpo. Você aprenderá a:

- **dirigir** a atenção **para** o lugar onde você quer que ela esteja (mobilizar)
- **sustentar** a atenção no intuito de que ela permaneça no lugar durante o tempo que você quer que ela permaneça (ficar e explorar)
- **deslocar** a atenção quando você quiser (desmobilizar).

O *body scan* lhe dá a chance de treinar dessa maneira, enquanto você desperta para a efetiva **experiência** do corpo.

Em cada dia desta semana: escolha um lugar no qual você possa se deitar confortavelmente durante 45 minutos, sem ser perturbado. Siga da melhor maneira possível as instruções da faixa 3 do áudio (*Body scan*) — elas também estão resumidas na versão a seguir.

MEDITAÇÃO BODY SCAN

- Deite-se de costas, em posição confortável, sobre uma esteira ou um tapete no chão, ou na sua cama, em um lugar onde você fique aquecido e não seja perturbado. Feche delicadamente os olhos.
- Dê-se alguns momentos para entrar em contato com o movimento da sua respiração e com as sensações no corpo. Quando estiver pronto, leve a atenção para as sensações físicas no corpo, especialmente as sensações de contato ou pressão, nas partes em que o seu corpo está em contato com o chão ou a cama. Cada vez que você soltar o ar, permita-se relaxar, afundar-se um pouco mais no tapete ou na cama.
- Lembre a si mesmo a intenção desta prática. O objetivo não é que você se sinta diferente, relaxado ou calmo; isso poderá acontecer ou não. Mais exatamente, a intenção da prática é que você se conscientize, o melhor que puder, de quaisquer sensações que você detecte, enquanto focaliza a atenção em cada parte do corpo, uma por uma.
- Agora, direcione a atenção para as sensações físicas na área inferior do abdômen, conscientizando-se dos padrões de sensação que se modificam na parede abdominal enquanto você inspira e enquanto solta o ar. Leve alguns momentos sentindo essas sensações enquanto você inspira e enquanto solta o ar.
- Depois de ter-se conectado com as sensações no abdômen, leve o foco ou o "holofote" da sua atenção para a perna esquerda, o pé esquerdo e depois os dedos do pé esquerdo. Concentre-se, de um em um, nos dedos do pé esquerdo, com uma delicada curiosidade de investigar a qualidade das sensações que você encontra, talvez notando a sensação de contato entre os dedos, uma sensação de formigamento, calor ou nenhuma sensação em particular.
- Quando estiver pronto, ao inspirar, sinta ou imagine o ar entrando nos seus pulmões e depois descendo para o abdômen, para a perna esquerda, o pé esquerdo e indo até os dedos do pé esquerdo. Depois, ao soltar ao ar, sinta ou imagine o ar subindo de volta, a partir do pé, para a perna, o abdômen, o peito e saindo pelo nariz. Continue a fazer isso, o melhor que você puder, durante algumas respirações, respirando até os pés e respirando de volta a partir

dos pés. Pode ser difícil pegar o jeito, mas pratique essa respiração o melhor que você puder, sem fazer esforço, lidando com ela de uma maneira divertida.
- Agora, quando estiver pronto, ao soltar o ar, abandone os dedos do pé e leve a atenção para as sensações na parte inferior do pé esquerdo — conscientizando-se de maneira delicada e investigativa da sola do pé, do arco do pé, do calcanhar (por exemplo, reparando nas sensações na área em que o calcanhar entra em contato com o tapete ou a cama). Experimente "respirar com" as sensações — conscientizando-se da respiração em segundo plano, enquanto, em primeiro plano, você explora as sensações na parte de baixo do pé.
- Agora, deixe que a sua atenção se expanda para o resto do pé — para o tornozelo, o peito do pé e os ossos e articulações. Em seguida, inspirando de maneira levemente mais profunda, dirija o ar para todo o pé esquerdo e, ao soltar o ar, abandone completamente o pé esquerdo, conduzindo o foco da sua atenção para a perna esquerda — a panturrilha, a canela, o joelho, e assim por diante, um por um.
- Continue a direcionar a atenção, e uma suave curiosidade, para as sensações físicas de cada parte do resto do corpo, uma por uma — para a coxa esquerda, os dedos do pé direito, o pé direito, a perna direita, a região pélvica, as costas, o abdômen, o peito, os dedos das mãos, as mãos, os braços, os ombros, o pescoço, a cabeça e o rosto. Em cada área, da melhor maneira que você puder, delicadamente, dedique o mesmo nível de atenção detalhada e suave curiosidade às sensações corporais presentes. Ao deixar cada área principal, "inspire nela" ao inspirar e abandone a região ao soltar o ar.
- Ao se conscientizar de alguma tensão ou de outras sensações intensas em uma área particular do corpo, você pode "respirar nelas" — usando delicadamente a inspiração para levar a atenção a essas sensações e, da melhor maneira que puder, sinta que as sensações vão se desfazendo, ou sendo liberadas, na expiração.
- A mente inevitavelmente se afastará da respiração e do corpo de tempos em tempos. Isso é inteiramente normal. É isso que as mentes fazem. Quando você perceber que ela está agindo, reconheça delicadamente o fato, reparando aonde a mente foi, e depois volte suavemente a atenção para a parte do corpo que você pretendia focalizar.
- Depois de ter "escaneado" o corpo inteiro dessa maneira, passe alguns minutos conscientizando-se do corpo como um todo e da respiração fluindo livremente para dentro e para fora dele.
- Se você se der conta de que está pegando no sono, talvez seja interessante levantar a cabeça com um travesseiro ou praticar sentado em vez de deitado. Sinta-se à vontade também para experimentar praticar em outro horário.

Em cada dia, **faça algumas anotações** nos espaços reservados para isso a respeito do que você mais tomou consciência durante o *body scan*. O que você estava **pensando**? Que **sensações** notou no seu corpo? Que **emoções ou sentimentos** você experimentou?

Primeiro dia:

Pensamentos

_____
_____

Sensações

_____
_____

Sentimentos

_____
_____

> Eu ficava pensando: estou fazendo isto certo? Estou me esforçando o suficiente? Por que não consigo relaxar? Por que nada está acontecendo?

> Na verdade, essa é uma experiência bastante comum. Todos esses pensamentos são apenas diferentes formas de <u>criticar</u> — é a mente do fazer compulsivo se manifestando a fim de assumir o controle da ação. Da melhor maneira que você puder, diga "críticas" delicadamente a si mesmo e leve a atenção de volta para a região do corpo que as instruções estão focalizando nesse momento.

======================================

Não existe uma maneira "correta" para o *body scan*.
A nossa experiência é a nossa experiência, seja ela qual for.

======================================

Segundo dia:

Pensamentos

_____
_____

Sensações

_____
_____

Sentimentos
_____
_____

> Isso não me ajudou em nada. Fiquei o tempo todo pegando no sono.

> É fácil acontecer isso. Veja se é possível apenas continuar a fazer o body scan, dia após dia, mesmo que, no início, você tenha a impressão de passar mais tempo dormindo do que acordado. Frequentemente, com o tempo, a sonolência diminui. Se ela persistir, você pode tentar fazer o body scan de olhos abertos, levantar a cabeça com um travesseiro ou praticar sentado. Caso você venha praticando à noite, experimente fazer o body scan mais cedo.

Terceiro dia:
Pensamentos
_____
_____

Sensações
_____
_____

Sentimentos
_____
_____

> Foi incrível — eu me senti muito <u>relaxado</u>, como se partes do meu corpo estivessem desaparecendo. Foi maravilhoso, como se eu não pesasse nada.

> Que maravilha! Quando isso acontece, pode nos proporcionar a confiança de já termos as possibilidades de paz e calma profundamente dentro de nós. Mas é bom ter cuidado a respeito de esperar ou desejar que isso aconteça de novo na próxima vez, porque pode ou não acontecer. Embora o relaxamento não seja o objetivo do body scan, é ótimo aproveitá-lo se ele acontecer.

Talvez seja inesperado, mas o objetivo do *body scan* não é buscar o relaxamento e nenhum outro estado especial. Não importa de que sensações você se conscientize; o importante é que, da melhor maneira possível, você se sintonize com a *sensação direta* do corpo em vez de se complicar *pensando a respeito* dele.

Quarto dia:

Pensamentos

_____

_____

Sensações

_____

_____

Sentimentos

_____

_____

_____

> Eu não conseguia me concentrar. Eu não parava de pensar: "Como posso meditar com tudo isso acontecendo?" — com as crianças correndo de um lado para o outro, o telefone tocando e pessoas batendo na porta. Eu ficava muito <u>frustrado</u> pelo fato de não estar chegando a lugar nenhum com todo o tempo que estava despendendo nisso.

> Quando você se sentir frustrado, irritado ou entediado, veja se é possível simplesmente reconhecer essas emoções pelo que elas são — estados mentais passageiros —, talvez dizendo para si mesmo "isto é frustração", "isto é tédio" etc. — e depois, em vez de tentar se livrar dessas emoções, simplesmente volte à prática, levando a atenção para as instruções e a região que elas o estão convidando a focalizar a sua percepção consciente.

Quinto dia:

Pensamentos

_____

_____

Sensações

_____

_____

Sentimentos

_____

_____

> Eu tentei relaxar, mas não parava de reparar na <u>tensão e nas dores</u>. Se a sensação não é agradável, é porque não estou fazendo a coisa da maneira certa, não é mesmo? É realmente <u>desconfortável</u>.

> Com a atenção plena, podemos nos tornar muito conscientes do que está acontecendo no nosso corpo. Se você sentir desconforto, deixe de avaliar se você está ou não fazendo a prática da maneira "correta" e, da melhor maneira que você puder, simplesmente concentre a atenção no que as instruções sugerem. Em seguida, quando as instruções chegarem à área que está tensa ou sofrendo desconforto, explore essas sensações físicas o mais delicadamente possível. E quando as instruções seguirem adiante, libere a atenção e concentre-a na nova região... Você poderá achar proveitoso se lembrar de que você não precisa se sentir bem <u>agora</u> para que esse treinamento esteja alimentando a sua capacidade de sentir quietude e clareza; esses efeitos poderão muito bem aparecer em outras ocasiões.

Sexto dia:

Pensamentos

_____

_____

Sensações

_____

_____

Sentimentos

_____

_____

> Dei comigo chorando profusamente e simplesmente não conseguia entender por quê.

> Quando nos sintonizamos com as sensações no corpo, podemos nos reconectar com emoções que, em algum momento, a mente optou por não experimentar completamente. Embora isso possa ser alarmante, a disposição de permitir que esses sentimentos estejam presentes pode ser curativa de modo profundo. Na medida em que você conseguir, veja se é possível continuar a seguir as instruções e se concentrar nas sensações corporais do momento. Dessa maneira, você se "estabiliza" em face de fortes emoções.

Se você se perceber *repetidamente* se reconectando com emoções *opressivas* de uma experiência traumática do passado, ou se constatar que memórias de eventos extremamente penosos estão voltando, é prudente buscar ajuda profissional adicional — do seu instrutor da MBCT (se você tiver um) ou de um orientador psicológico ou terapeuta experiente.

No final da semana, você talvez deseje refletir sobre a sua própria experiência em relação às reações comuns à prática, indicadas a seguir. Faça um círculo em volta de qualquer reação que você tenha percebido e anote brevemente quaisquer experiências específicas que tenham se fixado na sua mente:

Críticas

_____

_____

Sonolência

_____

_____

Calma/Relaxamento

_____

_____

Desconforto físico

_____

_____

Frustração/Tédio

_____

_____

Transtorno emocional

_____

_____

Outras (especifique)

_____

_____

_____

_____

_____

_____

_____

> **REFLEXÃO:**
> **UM PARTICIPANTE DA MBCT REFLETE SOBRE O BODY SCAN**
>
> Nos dez primeiros dias a prática era um fardo. Eu estava sempre divagando e depois ficava preocupado, querendo saber se estava fazendo a coisa direito. Por exemplo, eu não parava de ter voos de fantasia. A minha mente ficava completamente dispersa. Acho que eu me esforçava demais para interromper isso.
>
> Com o tempo, eu simplesmente escutava as meditações e esperava entrar em um mundo de pensamentos. Eu não me preocupava se surgiam preocupações. Aos poucos, os 40 minutos começaram a passar sem que eu me dispersasse, e a partir daí as vezes seguintes foram mais eficazes.
>
> Depois de dez dias, eu relaxei mais. Parei de me preocupar sobre pensar em outra coisa. Quando eu parava de me preocupar com isso, na verdade interrompia os voos de fantasia. Quando eu pensava em outra coisa, ao parar de pensar, eu voltava a ouvir. Gradualmente, os voos de fantasia diminuíram. Eu ficava feliz por me concentrar e depois comecei a extrair algum valor da prática.
>
> Depois disso, eu logo progredi e passei a sentir a respiração indo até a base do meu pé. Às vezes, eu não sentia nada, mas pensava: se não sinto nada, posso ficar satisfeito com o fato de não existir nenhum sentimento.
>
> Essa prática não é uma coisa que você possa fazer meia dúzia de vezes. Ela tem de ser feita todos os dias. Quanto mais você pratica, mais real ela se torna. Comecei a aguardar com prazer a hora do body scan.
>
> Se as pessoas precisam organizar o tempo para os 45 minutos da prática, pode ficar mais fácil se elas também organizarem outras coisas na vida delas. A prática em si proporciona um ímpeto.

2. Prestar atenção às atividades rotineiras

Praticar a atenção plena na vida do dia a dia é um aspecto fundamental do programa da MBCT. Esta semana inclui duas maneiras de começar a fazer isso. A primeira é levar a atenção consciente para uma atividade rotineira.

> É importante praticar a atenção plena na vida do dia a dia porque é aí que precisamos dela.

Escolha *uma atividade rotineira* que você execute todos os dias e decida que nesta semana você vai conferir a ela, da melhor maneira possível, uma nova qualidade de atenção deliberada e suave, de momento a momento, exatamente como você fez com a uva-passa. É melhor permanecer com a mesma atividade a semana inteira.

Você pode usar uma das atividades em que pensou anteriormente ou outra coisa, como uma das possibilidades a seguir:

acordar pela manhã	levar o lixo para fora
secar o corpo	dirigir o carro
vestir-se	sair de casa
fazer café	entrar em casa
lavar a louça	subir as escadas
guardar a louça	descer as escadas

> Não estou bem certo sobre a sensação da atenção deliberada. A que eu devo prestar atenção?

> É realmente interessante esclarecer bem esse ponto. Digamos, por exemplo, que você escolha tomar banho. Você então prestaria total atenção às <u>sensações</u> na sua pele quando ela entrasse em contato com a água, à <u>temperatura</u> da água, ao <u>cheiro</u> do xampu ou do sabonete, ao <u>som</u> da água e às <u>diferentes sensações</u> nos músculos dos braços enquanto você os movimenta para lavar o corpo.

> Outro exemplo: se você escolher a hora de acordar, antes de sair da cama, veja se é possível <u>sentir</u> as sensações de <u>contato</u> e <u>pressão</u> nas áreas em que o seu corpo toca o colchão e o lençol, <u>prestar delicadamente atenção</u> aos movimentos da respiração enquanto você inspira e solta o ar cinco vezes, <u>abrir</u> a sua consciência para os <u>sons</u> da manhã, <u>sentir</u> o ar no rosto e <u>reparar</u> no que você <u>vê</u> à sua volta.

Veja se é possível *despertar* de modo delicado
para a sua experiência de vida e saber diretamente o que você está
fazendo, enquanto estiver fazendo.

Prática diária para a primeira semana:
Para acompanhar esta prática, assinale ✓ sempre que se lembrar de ficar atento à atividade:

Primeiro dia: _____ Segundo dia: _____ Terceiro dia: _____
Quarto dia: _____   Quinto dia: _____   Sexto dia: _____

A atenção plena em si não é difícil – o desafio, para todos nós, na vida do dia a dia, é lembrar de prestar atenção. Existe algum padrão nas ocasiões em que você se lembra e naquelas em que você esquece?

É *mais fácil* me lembrar quando:
_____

_____

É *mais difícil* me lembrar quando:
_____

_____

No final da semana: reflita por alguns momentos sobre quaisquer diferenças que você tenha notado entre a maneira como você vivenciou a sua atividade escolhida esta semana e a sua experiência habitual:

_____

_____

_____

_____

> **Jani:** "Quando comecei a prestar atenção nos momentos corriqueiros durante o meu dia, dei comigo reparando em todos os tipos de pequenas coisas — um pássaro voando no céu, o aroma da comida enquanto eu cozinhava, o estalo das folhas caídas no chão quando eu andava sobre elas. Quando eu estava realmente consciente dessas coisas, eu não ficava remoendo preocupações".

> **Georgios:** "Prestar mais atenção a todo o processo de despertar pela manhã e sair da cama pareceu fazer com que o leve sentimento depressivo com o qual eu sempre acordava desaparecesse mais rápido".

Levar a atenção para as atividades da vida cotidiana torna mais fácil reconhecer quando estamos no modo de fazer ou no piloto automático.

Também nos proporciona uma maneira de trocar imediatamente de modo mental, entrando de forma deliberada no modo de ser, no qual é mais difícil que a depressão e outras emoções perturbadoras assumam o controle.

3. Comer com atenção

O segundo exercício do processo de levar a atenção plena para a vida do dia a dia nesta semana é comer com atenção consciente.

Este exercício o convida a se **tornar consciente** dos momentos em que você descobrir que está reparando no sabor, na aparência, no cheiro ou nas sensações corporais enquanto estiver comendo — exatamente como você fez quando comeu a uva-passa com atenção plena.

Veja se também é possível realizar pelo menos uma refeição, ou parte de uma refeição, com atenção plena — conferindo a ela o mesmo cuidado e atenção com os quais você comeu a passa.

Faça uma marca (✓) todas as vezes que você notar que está comendo com atenção plena (é adequado inserir mais de uma marca se você prestar atenção a mais de uma refeição ou lanche por dia).

Primeiro dia: _____ Segundo dia: _____ Terceiro dia: _____
Quarto dia: _____ Quinto dia: _____ Sexto dia: _____

No final da semana, você talvez deseje **refletir** a respeito de quaisquer mudanças na sua maneira de comer. Anote brevemente as suas ideias:

_____

_____

_____

_____

_____

Parabéns!

Você chegou ao final da primeira semana do programa da MBCT.

Talvez seja proveitoso e interessante neste momento reexaminar as suas anotações sobre a experiência da semana como um todo — verifique como você respondeu a cada prática e como as suas reações e respostas podem ter sido diferentes de um dia para o outro.

As suas reações na segunda semana poderão ser semelhantes às da primeira semana ou muito diferentes. Só existe uma maneira de descobrir. Você está pronto?

Você Lendo Isto, Esteja Pronto

Começando aqui, o que você deseja recordar?
Como a luz do sol avança lentamente por um piso reluzente?
Do aroma da madeira velha que paira no ambiente, do som suave
que vem de fora e invade o ar?

Você trará um dia um presente melhor para o mundo
do que o respeito do alento que você carrega
aonde quer que você vá agora? Você está esperando
tempo para mostrar melhores pensamentos?

Quando você se vira, começando aqui, eleve esse
novo vislumbre que você encontrou; carregue para a noite
tudo o que quiser deste dia. O intervalo que você passou
lendo ou ouvindo isto, guarde-o para a vida toda.

O que alguém pode dar a você que seja mais magnífico do que agora,
começando aqui, nesta sala, quando você se virar?

William Stafford

6

Segunda semana: Outra Maneira de Conhecimento

Orientação

> **Valerie:** "É muito difícil permanecer concentrada no body scan! Eu me deito determinada a seguir as instruções à risca. No entanto, 1 minuto depois de começar a prática, eu me dou conta de que estou pensando a respeito do meu corpo, me perguntando por que eu sinto tantas dores que eu não tinha notado antes, me perguntando o que tudo isso poderá significar. Com o tempo, eu me dou conta de que perdi <u>novamente</u> o contato com o meu corpo e me viro contra mim: 'Isso é tão simples, por que eu não consigo fazer direito? Outras pessoas conseguem. O que está errado comigo?'. É exatamente como quando eu tentei aprender espanhol — eu simplesmente não conseguia assimilar as aulas. Eu me senti uma idiota naquela viagem ao México...
>
> Eu acabo passando o resto da sessão pensando sobre outras ocasiões em que cometi erros e o que tudo isso significa a respeito do tipo de pessoa que eu realmente sou.
>
> No final da sessão, acabo me sentindo pior do que quando comecei".

No piloto automático, é como se estivéssemos longe, em outro lugar. Mas aonde nós vamos? Na maioria das vezes, estamos perdidos pensando de um jeito ou de outro — planejando, recordando ou sonhando acordados.

Pensar se torna um problema quando essa atividade assume o comando — quando não estamos mais apenas pensando, e sim **perdidos** no pensamento. Nós ultrapassamos o ponto de virada: não estamos mais vivendo no mundo; estamos vivendo na nossa cabeça.

O que fazer então? Não podemos parar de pensar simplesmente usando a força de vontade. E ainda precisamos saber o que está acontecendo, neste momento, na nossa vida. Existe uma maneira diferente, que não seja o pensamento, por meio da qual possamos conhecer a nossa experiência e nos relacionar com ela?

Tente uma experiência. Ela levará apenas alguns minutos. Você encontrará as instruções para ela logo a seguir ou, se preferir, na faixa 14 do áudio (*Duas Formas de Conhecimento*). A experiência levará apenas alguns minutos.

> O pensamento da mente de fazer está por trás da ruminação da depressão, da preocupação da ansiedade e do esforço indócil do estado estressado.

DUAS FORMAS DE CONHECIMENTO

Acomode-se em uma posição confortável em uma cadeira de espaldar reto. Feche os olhos.

1. Pensando *a respeito*

Passe 1 ou 2 minutos **pensando** em seus pés sem olhar para eles. Que pensamentos surgem quando você pensa nos seus pés? Eles podem estar relacionados a gostar ou não gostar, desejar que eles fossem diferentes... ao local a que eles o conduziram ou problemas que eles lhe causaram... pensamentos a respeito de — o quê?

Não é necessário que você controle os seus pensamentos de nenhuma maneira — deixe apenas que eles se desenvolvam naturalmente. Não se apresse; conceda a si mesmo 1 ou 2 minutos para pensar sobre os seus pés.

2. Sintonizando-se diretamente

Em seguida, leve a atenção diretamente **para dentro** dos seus pés sem olhar para eles — deixe que a sua **consciência** mergulhe dentro dos seus pés e preencha-os de dentro para fora... a partir dos ossos para fora, para a própria pele... sentindo os ossos dentro dos pés... observando as sensações de contato na pele... as sensações na sola dos pés... a sensação do tato, da pressão e do contato na parte em que os pés tocam o chão... explorando o limite entre os pés e o chão.

Agora contraia um pouco os dedos dos pés, puxando-os para dentro o mais que puder, e preste atenção às sensações físicas deles, das solas e da massa de cada pé... sentindo diretamente a pressão nos dedos... sentindo a rigidez nos músculos, o fluxo e o refluxo das sensações corporais nos pés, nos tornozelos e nas pernas.

Relaxe os dedos, mantendo a atenção nos pés, reparando nas mudanças das sensações nos pés e nos dedos enquanto eles relaxam.

Finalmente, antes de mudar de posição, sinta, por alguns momentos, o seu corpo como um todo, sentado onde você está.

No que você reparou enquanto *pensava sobre* os seus pés? Faça breves anotações aqui:

_____

_____

_____

_____

> **Valerie:** "Pensar sobre os meus pés me fez lembrar de como ando me sentindo cansada nos últimos tempos — de como às vezes parece um esforço enorme colocar um pé na frente do outro. Trouxe lembranças de ocasiões em que eu estava extremamente cansada por trabalhar demais, do meu pai com os pés nodosos e deformados quando envelheceu. Comecei a me perguntar o que o futuro tem reservado para mim — fadiga, velhice, doenças. Isso me deixou muito triste".

> O pensamento e a memória, fundamentais para a forma de conhecimento do modo de FAZER, pode nos afastar muito da proximidade da experiência presente.

O que você notou quando se sintonizou *diretamente* com as sensações nos seus pés?

_____

_____

_____

_____

> **Valerie:** "Inicialmente, percebi uma sensação de calor nos meus pés. Em seguida, senti formigamento nos dedos dos pés — ele ia e vinha à medida que eu focalizava a atenção nas sensações. Quando contraí os dedos, todas as sensações nos pés se tornaram muito mais fortes e ficou bem fácil me sintonizar com elas; elas eram intensas, porém não desagradáveis. Particularmente no caso do pé direito, fiquei realmente interessada na maneira como as sensações do meu pé não pareciam ter a forma de pé — eu nunca notara isso antes. No final, eu me conscientizei de que a minha mente tinha estado bastante concentrada, em vez de perambular como ela fez quando pensei sobre os meus pés".

> Sentir diretamente o corpo enfraquece o tagarelar da mente. O conhecimento direto do modo de SER significa que podemos permanecer mais próximos da experiência simples e imediata, e ficamos menos propensos a ser arrastados pelos pensamentos.

Qual foi, para você, a diferença mais gritante entre as duas formas de conhecimento — pensar sobre os seus pés *versus* colocar a atenção *dentro* das sensações dos seus pés?

_____

_____

_____

_____

No modo de fazer nós **tomamos conhecimento** da nossa experiência de forma indireta, por meio do pensamento. Nesse modo, podemos facilmente nos perder em ruminações e preocupações.

Por meio da atenção plena, descobrimos outro tipo de conhecimento — uma voz mais tranquila que geralmente é abafada pelos gritos estridentes da mente pensante.

Nesse relacionamento **direto** com a experiência estamos conscientes da nossa experiência no momento — **o conhecimento se encontra na própria conscientização.**

Quando encontramos atentamente uma coisa agradável, em vez de termos ideias a respeito dela, nós nos relacionamos com ela **como experiência** — percebendo-a, sentindo-a. Esse conhecimento encerra uma bela simplicidade. Ele possibilita que entremos em contato, imediatamente, com maiores liberdade e tranquilidade.

> Quando percebemos que estamos perdidos nos pensamentos, conferir um novo foco à atenção para nos tornar diretamente conscientes das sensações no nosso corpo propicia uma maneira de nos libertarmos do mundo do pensamento.

Nesta semana, você está convidado a praticar de maneira a reconhecer quando você fica perdido nos pensamentos e depois a se reconectar com o conhecimento direto e consciente do corpo.

Sempre que você nota que a mente divagou há uma oportunidade para praticar o deixar de viver na sua cabeça para sentir diretamente o seu corpo.

A fim de compreender o poder liberador dessa mudança de uma maneira de conhecimento para outra, vamos examinar mais de perto por que chegar ao conhecimento por meio do pensamento pode ser um grande problema.

O poder oculto de pensar: pensamentos e sentimentos

O Exercício de "Andar pela Rua"

Acomode-se em uma posição confortável. Quando estiver pronto, leia o cenário descrito a seguir. Leve 1 ou 2 minutos imaginando a cena o mais vividamente possível. Você poderá achar proveitoso fechar os olhos. Leve o tempo que precisar — veja se você consegue se envolver completamente com a cena imaginada.

> Você está caminhando por uma rua que conhece bem... Então vê um conhecido do outro lado da rua... Você sorri e acena para ele... A pessoa não tem nenhuma reação... simplesmente parece não ter notado a sua presença... ela segue adiante sem dar nenhum sinal de ter reconhecido a sua existência.
>
> Imagine essa cena agora.

Que pensamentos e sentimentos passaram pela sua cabeça?
_____
_____
_____
_____
_____

Como eu distingo os meus pensamentos dos meus sentimentos?

Ambos são aspectos da experiência interior, de modo que pode ser difícil colocar a diferença em palavras. Mas os pensamentos são o que frequentemente vivenciamos como palavras e frases que passam pela mente, ou como cenas ou imagens relativamente fáceis de ser descritas com palavras, ao passo que os sentimentos são mais como sensações ou mudanças no estado emocional vivenciados diretamente. A tabela abaixo, que mostra algumas reações típicas a este exercício, poderá tornar as coisas mais claras.

	Pensamentos	Sentimentos
Carol	"Ele nem mesmo demonstrou ter me visto. O que eu fiz para aborrecê-lo?"	*Perturbada*
Jake	"Eu me pergunto como isso aconteceu."	*Curioso*
Sharon	"Ela não gosta de mim. Ninguém gosta realmente de mim."	*Deprimida*
Betsy	"Você tem que ter me visto. Tudo bem, se é assim que você se sente. Faça o que achar melhor."	*Zangada*
Lena	"Ela provavelmente estava apreensiva com alguma coisa. Espero que ela esteja bem."	*Preocupada*

A tabela mostra a reação de pessoas diferentes a exatamente o mesmo exercício que você acaba de fazer. Alguma coisa o impressionou a respeito dessas reações? Talvez seja interessante você dar outra olhada nelas — elas revelam algumas verdades crucialmente diferentes a respeito da maneira como a nossa mente e o nosso coração funcionam. Anote a seguir qualquer coisa que tenha chamado a sua atenção a respeito delas.

_____

_____

_____

Você talvez tenha notado que os pensamentos na tabela variaram de pessoa para pessoa e que diferentes pensamentos eram acompanhados por diferentes sentimentos. Exatamente a mesma situação pode trazer à tona muitos pensamentos e interpretações, e **são estes, e não a situação em si**, que configuram a maneira como nos sentimos: se achamos que uma pessoa não está nos dando atenção porque fizemos alguma coisa errada, ficamos perturbados; se achamos que alguém está deliberadamente não nos dando atenção, ficamos zangados; se achamos que a pessoa está envolvida com as suas próprias inquietações, ficamos preocupados com ela; e assim por diante. No entanto, de modo crucial, com frequência **não temos consciência da maneira como interpretamos** as situações. A atenção plena pode nos ajudar a nos tornar mais conscientes e nos conceder a liberdade de reagir de uma forma diferente.

As nossas reações emocionais refletem as nossas interpretações das situações e não as situações propriamente ditas.

Talvez você também tenha se dado conta de que, embora todos tenham entrado em contato com a mesma cena, foi como se cada pessoa efetivamente tivesse vivenciado uma situação diferente no seu olho mental.

As nossas interpretações dos eventos refletem o que levamos a eles tanto quanto a realidade dos eventos propriamente ditos.

Os pensamentos são as nossas interpretações, as conclusões a que chegamos, os quais não raro se baseiam em ideias preconcebidas e experiências anteriores, e portanto são moldados por muitas influências diferentes. O fato de as pessoas terem tido interpretações tão diferentes significa que nem todos esses pensamentos podem ser reflexos exatos da mesma realidade — eles não podem todos estar certos. Com frequência não haverá um simples relacionamento de correspondência mútua entre a maneira como as coisas efetivamente são e aquilo que pensamos.

Os pensamentos não são fatos; eles são eventos mentais.

> Já reparei que eu interpreto a mesma experiência de uma maneira diferente em ocasiões diferentes. Por que isso acontece?

> A disposição de ânimo distorce intensamente a maneira como vemos as coisas. Quando estamos em uma disposição de ânimo deprimida, interpretamos os eventos de um modo negativo — achamos que uma pessoa está nos ignorando, de modo deliberado, em vez de pensar que ela pode estar preocupada com problemas pessoais. Essas interpretações negativas — "Ela não gosta de mim"; "O que eu disse de errado?" — nos fazem sentir ainda mais deprimidos. Isso nos torna mais propensos a continuar a ver as coisas de maneira negativa, e lá vamos nós, despencando cada vez mais.
> De modo semelhante, quando nos sentimos tensos e ansiosos, a nossa mente fica sintonizada para enxergar coisas que podem dar errado, que nos ameaçam ou que <u>precisam</u> ser feitas. Tudo isso apenas nos torna mais tensos, ansiosos e estressados — e assim as coisas prosseguem ininterruptamente.

**As nossas disposições de ânimo afetam
a forma como interpretamos os eventos,
de maneiras que respaldam essas disposições de ânimo.**

São as espirais nas quais os pensamentos e as disposições de ânimo se alimentam uns dos outros que nos aprisionam na angústia emocional e na depressão — *é o nosso modo de pensar que nos faz ficar emperrados.*

Podemos sair dos padrões de pensamento que nos mantêm sob o domínio de emoções dolorosas mudando a nossa maneira de chegar ao conhecimento — deixando de ficar perdidos na nossa cabeça e passando a conhecer e sentir o nosso corpo de uma maneira direta e atenta. Essa é a prática desta semana.

Prática diária

Durante a segunda semana, pratique cada um dos seguintes exercícios **durante seis dos sete dias** da semana:

1. *Body Scan*
2. Atenção Plena da Respiração (Breve)
3. Prestar Atenção às Atividades Rotineiras
4. Agenda de Experiências Agradáveis

1. *Body scan*

> Eu não fiz isso na semana passada? Por que tenho que fazer de novo?

> A prática é a mesma, mas a experiência será diferente a cada dia. Aborde cada body scan com a mente aberta e renovada, reconhecendo que você nunca fez ESTE body scan antes. Quem sabe o que cada momento pode ter a oferecer? Continuamos com essa prática porque o modo de fazer é um hábito tão antigo e consagrado que é preciso muita paciência e persistência, tanto para treinar a mente a ficar onde você quer que ela fique quanto para cultivar o conhecimento direto do modo de ser.

O Body Scan

- nos proporciona uma excelente maneira de treinar o músculo da atenção ao passar muitas vezes pelo ciclo de *"mobilizar – permanecer – desmobilizar"*.
- nos ajuda a entrar novamente em contato com o nosso corpo e a nossa cabeça.

Todos os dias desta semana: encontre um lugar onde você possa se deitar confortavelmente e seguir as instruções das páginas 59-60 ou da faixa 3 do áudio (*Body scan*).

Imediatamente após cada prática, **faça breves anotações** da sua experiência nos espaços fornecidos.

Que padrões de pensamento você vivenciou quando o modo de fazer assumiu o controle da sua mente? Planejamento e ensaio? Censura e críticas? Vontade de se apressar? Lembretes de assuntos inacabados? Revisão de coisas do passado?

Qual foi a sua reação? Você foi capaz de relaxar de volta no modo de ser ou permaneceu emperrado no modo de fazer? O que mais você notou?

Primeiro dia:

Que formas de fazer você notou (por ex., planejamento, pressa, críticas, assuntos inacabados, revisão do passado): _____

_____

_____

Reação: _____
_____
_____
_____

Também notei: _____
_____
_____
_____

> Eu não parava de pensar. Isso é muito chato. Nada está acontecendo.

> Seria interessante você verificar se é possível se conscientizar disso simplesmente como um padrão de pensamento — "crítica" —, em vez de se deixar arrastar e se perder dentro dele. Você poderá então com delicadeza deixar de pensar a respeito da sua experiência e passar a senti-la diretamente direcionando uma atenção interessada para as sensações no seu corpo.

Cada vez que notamos estarmos perdidos no pensamento temos uma preciosa oportunidade para praticar o deslocamento do fazer para o ser — esse é o caminho para a liberdade.

Segundo dia:

Fazer (por ex., planejamento, pressa, críticas, assuntos inacabados, revisão do passado):
_____
_____

Reação: _____
_____
_____

Também notei: _____
_____
_____

> Pela primeira vez, fiquei acordado durante a sessão inteira!

> Excelente! A nossa experiência está sempre mudando — se você prestar bastante atenção, vai notar que a sua experiência dessa prática (e de todas as outras práticas) nunca é a mesma de um dia para o outro. O body scan causa efeitos poderosos, mas eles se desenvolvem lentamente com o tempo. Siga em frente!

Terceiro dia:

Fazer (por ex., planejamento, pressa, críticas, assuntos inacabados, revisão do passado):
_____
_____

Reação: _____
_____
_____

Também notei: _____
_____
_____

> Estou ficando mais relaxado com relação ao processo como um todo. Quando noto que estou perdido em pensamentos, não sou mais tão duro comigo mesmo — de certa maneira, isso parece enfraquecer a força dos pensamentos.

> Essa é uma observação interessante. Quando não levamos os nossos pensamentos tão a sério, eles passam a ter menos "carga" e não exigem tão sofregamente a nossa atenção. Podemos até mesmo constatar que podemos apenas deixá-los lá, delicadamente, em segundo plano, enquanto voltamos a nos concentrar nas sensações do corpo.

Pode ser bastante proveitoso relembrar que a delicadeza é a base de toda prática esmerada.

Quarto dia:

Fazer (por ex., planejamento, pressa, críticas, assuntos inacabados, revisão do passado):

___

Reação:

___

Também notei:

___

> Às vezes eu me pergunto se todo esse esforço vale a pena — se este programa é realmente do que eu preciso, se eu consigo levá-lo adiante. Até agora, nada em particular parece ter acontecido.

> Essa é a <u>mente</u> <u>que</u> <u>tem</u> <u>dúvidas</u> — um padrão de pensamento muito comum nesse estágio do programa; essa maneira de pensar reflete um estado mental e não uma ideia verdadeira de como as coisas realmente são. No final do programa, quando perguntamos aos participantes que tiveram dúvidas como essa qual conselho deveríamos dar a pessoas com dúvidas semelhantes, eles sempre respondem "Apenas lhes diga para continuar em frente, apesar de tudo — elas não se arrependerão".

Quinto dia:

Fazer (por ex., planejamento, pressa, críticas, assuntos inacabados, revisão do passado):

___

Reação:

___

Também notei: _____

_____

_____

> Descobri que estou começando a esperar com prazer as minhas sessões de body scan. Sinto que esse é um tempo que tenho para mim mesmo, no qual posso me afastar um pouco da minha mente e descansar um pouco no meu corpo.

> Isso mesmo! A mente do fazer compulsivo pode nos impelir com muita força — "faça isso", "faça aquilo", "não se esqueça de fazer tal coisa", "você precisa fazer isso direito". A atenção plena oferece ao nosso corpo um refúgio, um abrigo, que está sempre presente com uma simples mudança do foco da atenção.

Sexto dia:

Fazer (por ex., planejamento, pressa, críticas, assuntos inacabados, revisão do passado):

_____

_____

Reação: _____

_____

_____

Também notei: _____

_____

_____

> Estou me sentindo mal porque não estou fazendo a prática todos os dias. De alguma maneira eu acabo não fazendo e, quando me lembro dela, não tenho tempo disponível.

> Uma vez que a mente autocrítica, que faz julgamentos, se envolve com a situação, é fácil ficarmos aprisionados em um ciclo vicioso:
>
> <u>Autocensura</u> → associações negativas com a prática → <u>evitar</u> a prática → <u>mais</u> <u>autocensura</u> → menos prática...
>
> A boa notícia é que, a qualquer momento, sempre podemos passar uma esponja em tudo, tirar da cabeça o que aconteceu e recomeçar.

Independentemente do que tenha acontecido no passado, sempre podemos recomeçar, neste momento, efetivamente *fazendo* a prática em vez de *perder tempo pensando* nos nossos fracassos anteriores com relação a ela.

ADAM

Adam esteve se sentindo pra baixo por uma ou duas semanas. Todos os dias, quando acordava, ele notava uma sensação de peso e dor no corpo. Ele sentia que a sua energia tinha sido sugada, que a noite de sono não tinha renovado as suas forças e que às vezes ele estava até mesmo mais cansado do que quando tinha ido para a cama. Geralmente, essa sensação de fadiga desencadeava um coro de pensamentos familiares: "Como vou conseguir fazer qualquer coisa me sentindo assim?", "Outro dia desperdiçado.", "Não posso continuar dessa maneira.", "O que vai acontecer comigo?"

E esses pensamentos eram acompanhados por um sentimento de frustração e derrota, os quais aumentavam a sensação de opressão e peso no corpo de Adam. Passado algum tempo, de alguma maneira, ele fazia um esforço e saía da cama, começando relutante o seu dia, preocupado em saber aonde tudo aquilo iria levá-lo.

Depois de praticar o body scan por dez dias, Adam começou a reconhecer a diferença entre o "chegar ao conhecimento por meio do pensamento" do modo de fazer e o "chegar ao conhecimento por meio da percepção consciente" do modo de ser.

Depois, ao se lembrar de algo que tinha sido dito na sua aula de MBCT, lhe ocorreu tentar a mesma prática ao acordar pela manhã: o que aconteceria se ele sentisse diretamente o peso e a dor no corpo, em vez se envolver em pensamentos a respeito deles?

Isso fez diferença, não uma cura milagrosa, mas Adam achou um pouco mais fácil permanecer no momento presente com a sua experiência, mesmo ela sendo desconfortável. Além disso, de modo curioso, o fato de ele estar disposto a estar presente para a experiência, de conhecê-la diretamente dessa maneira, significou que a sua energia aumentou, em vez de diminuir ainda mais. Ele não saltou da cama alegre e feliz, mas descobriu que não ficou deitado nela todo o tempo de costume e enfrentou o seu dia com uma disposição um pouco mais leve.

No final da segunda semana, talvez seja interessante você refletir por alguns momentos sobre a sua experiência do *body scan* como um todo até aqui.

O *body scan* não estará presente na prática diária das próximas semanas, então esta é uma oportunidade de você chegar às suas conclusões sobre essa prática por ora.

Refletindo sobre a sua experiência, qual foi a coisa mais importante que você aprendeu com a prática do *body scan*? _____

_____

_____

2. Atenção plena da respiração (breve)

Atenção plena da respiração — uma *meditação na posição sentada* — é uma prática fundamental do programa da MBCT. Ela assume a posição central a partir da próxima semana.

Nesta semana, introduzimos essa prática com um breve exercício diário.

Todos os dias, em um horário diferente daquele do *body scan*, guie a si mesmo ao longo de uma prática da atenção plena da respiração de 10 minutos, usando as instruções da faixa 4 do áudio (*Meditação na Posição Sentada de 10 Minutos com Atenção Plena da Respiração*) a seguir. Sinta-se à vontade para copiar as dicas proveitosas da página 87.

MEDITAÇÃO (NA POSIÇÃO SENTADA) DE 10 MINUTOS COM ATENÇÃO PLENA DA RESPIRAÇÃO

1. Acomode-se em uma posição sentada, com as costas em uma postura ereta, digna e confortável — não uma postura rígida, mas sim uma postura que personifique a sua intenção de estar presente e desperto. Se estiver sentado em uma cadeira, coloque as plantas dos pés firmemente no chão, sem cruzar as pernas. Feche suavemente os olhos.

2. Leve a atenção para o nível das *sensações físicas*, concentrando-a nas *sensações* do toque e da pressão no seu corpo nas áreas em que ele entra em contato com o chão e com o lugar no qual você esteja sentado. Passe 1 ou 2 minutos explorando essas sensações, exatamente como no *body scan*.

3. Agora direcione a atenção para os *padrões das sensações físicas* no abdômen inferior (na área em volta do umbigo) *que se modificam* enquanto o ar entra e sai do seu corpo. (Na primeira vez que você experimentar essa prática, talvez seja interessante colocar a mão sobre o abdômen inferior e se conscientizar do *padrão de sensações que se modificam* na área em que a sua mão entra em contato com o abdômen. Depois de ter se sintonizado dessa maneira com as *sensações físicas* dessa região, você pode retirar a mão e continuar a se concentrar nas *sensações* da parede abdominal.)

4. Focalize a atenção nas *sensações* de um leve estiramento enquanto a parede abdominal sobe com cada inspiração e de um suave esvaziamento enquanto ela cai com cada expiração. Da melhor maneira possível, porém sem esforço, acompanhe conscientemente as *sensações físicas* no abdômen inferior que se modificam e depois até o ar deixar o seu corpo na expiração, talvez reparando nas leves pausas entre uma inspiração e a expiração seguinte, e entre uma expiração e a inspiração seguinte.

5. Você não precisa tentar controlar a respiração de nenhuma maneira — deixe que ela aconteça naturalmente. Da melhor forma possível, porém sem esforço, leve essa atitude relaxada para o restante da sua experiência. Não há nada a ser corrigido, nenhum estado particular a

ser alcançado. Da melhor maneira, com delicadeza, deixe que a sua experiência seja a sua experiência, sem precisar que ela seja diferente do que é.

6. Mais cedo ou mais tarde (geralmente mais cedo), a sua mente divagará para longe do foco na respiração no abdômen inferior e começará a pensar, planejar, sonhar acordada, ficar à deriva — seja lá o que for. Isso é perfeitamente aceitável — é o que as mentes fazem. Não se trata de um erro ou um fracasso. Quando você notar que a sua atenção não está mais na respiração, congratule-se — você voltou e está uma vez mais consciente da sua experiência! Você talvez queira reconhecer de modo breve onde a sua mente esteve ("Ah, ela estava pensando"). Em seguida, conduza a atenção de volta a um foco no padrão que se modifica de sensações físicas no abdômen inferior, renovando a intenção de ficar atento à inspiração ou expiração em andamento, a que você encontrar.

7. Não importa a frequência de divagação da sua mente (e é bastante provável que isso aconteça repetidamente); a cada vez congratule-se, da melhor maneira possível, por ter se reconectado com a sua experiência no momento, delicadamente conduzindo a atenção de volta à respiração; apenas volte a se conscientizar do padrão de sensações físicas que se modifica e têm lugar a cada inspiração e expiração.

8. Da melhor forma que você puder, com delicadeza, leve uma qualidade de benevolência à sua consciência, talvez encarando as repetidas divagações da mente como oportunidades de inserir paciência e uma suave curiosidade na sua experiência.

9. Prossiga com a prática por 10 minutos, ou mais se desejar, talvez lembrando a si mesmo, de tempos em tempos, que a intenção é apenas estar consciente da sua experiência em cada momento, da melhor maneira possível, com delicadeza. Usando a respiração como uma âncora, reconecte-se de modo suave com o aqui e o agora cada vez que notar que a sua mente divagou e que não está mais focalizada no abdômen, seguindo a respiração.

Nesta semana, não é necessário fazer anotações sobre a sua experiência com esta prática, porque vamos nos concentrar nela detalhadamente na terceira semana.

Apenas assinale (✓) cada dia a fim de mostrar a si mesmo que você fez a prática:
Primeiro dia: _____ Segundo dia: _____ Terceiro dia: _____
Quarto dia: _____ Quinto dia: _____ Sexto dia: _____

Meditação na Posição Sentada: Dicas Proveitosas

- Vale a pena dedicar algum tempo procurando uma posição sentada que funcione para você. A ideia é encontrar uma posição sentada confortável e estável, na qual as suas costas fiquem eretas porém não rígidas.
- É perfeitamente aceitável usar uma cadeira — não há nada especial a respeito de sentar no chão, embora algumas pessoas achem essa posição mais confortável. Se você for usar uma cadeira, escolha uma que tenha o espaldar reto e lhe possibilite colocar as plantas dos pés firmemente no chão sem cruzar as pernas. O ideal, se você puder, é se sentar bem afastado das costas da cadeira para que a sua coluna sustente a si mesma.
- Se você se sentar em uma superfície macia no chão, use uma almofada firme e compacta, ou um banco de meditação, que erga as suas nádegas de 8 a 15 centímetros do chão e permita que os seus joelhos toquem o chão. Você tem a escolha de se sentar de três maneiras:

Opção 1: sobre uma almofada, puxando um dos calcanhares para perto do corpo e flexionando a outra perna na frente dele.

Opção 2: de joelhos, com uma almofada entre os pés.

Opção 3: sentado em um banco de meditação.

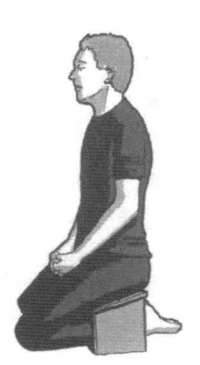

Opção 1   **Opção 2**   **Opção 3**

Teste a altura das almofadas ou do banco até se sentir à vontade e firmemente apoiado.

Independentemente da maneira como você se sentar, faça-o de modo que os seus joelhos fiquem mais baixos do que os quadris.

Se você se sentar com os joelhos mais baixos do que os quadris, a região lombar fará uma suave curva para dentro e a coluna sustentará a si mesma. Descanse as mãos no colo ou nas coxas.

Muitas pessoas consideram o banco a maneira ideal para alcançar a postura correta — você pode experimentar acrescentar almofadas ou um cobertor dobrado a fim de obter a altura certa para você.

3. Prestar atenção às atividades rotineiras

Escreva no espaço a seguir a atividade que você escolheu executar com atenção plena na semana passada:
_____ (Atividade 1)

Agora, escolha uma atividade rotineira diferente que você também possa incluir nessa prática de atenção plena diária:
_____ (Atividade 2)

Ao ter, nesta semana, a intenção deliberada de levar a atenção plena a essas **duas** atividades, você pode reforçar e ampliar o seu comprometimento de permanecer consciente na vida do dia a dia.

Assinale abaixo (✓) *diariamente* sempre que você se lembrar de permanecer consciente da Atividade 1 ou da Atividade 2:

Primeiro dia: _____ Segundo dia: _____ Terceiro dia: _____
Quarto dia: _____ Quinto dia: _____ Sexto dia: _____

No final da semana, passe alguns momentos refletindo sobre a sua experiência com essa prática como um todo. Daqui por diante, ela não fará parte das práticas designadas para fazer em casa, mas muitas pessoas gostam de prolongá-la por conta própria. Você consegue pensar em *um efeito positivo* que poderia levá-lo a querer continuar deliberadamente a cultivar a intenção de estar conscientemente presente nas atividades diárias da sua vida?

_____
_____
_____
_____
_____
_____
_____
_____

> **Roy:** "Ontem à noite, as minhas duas filhas pequenas estavam brincando de amontoar na minha cabeça o maior número de almofadas do sofá que elas conseguiam, enquanto eu estava sentado, tentando desesperadamente ler um documento para o meu trabalho. Consegui dar um sorriso diante da persistência delas, mas, por não conseguir me concentrar no documento, constatei que a minha mente estava saltando de uma coisa para outra. Esse costuma ser o meu gatilho para ter um momento consciente, de modo que alterei o meu foco e me entreguei completamente a estar com as minhas filhas. Os 5 minutos seguintes foram os mais gratificantes e significativos minutos de ser pai de que consigo me lembrar em várias semanas".

4. Agenda de experiências agradáveis

Todos os dias, tenha o propósito de ficar consciente de uma experiência agradável **enquanto ela estiver acontecendo**.

A experiência pode ser bastante corriqueira, algo simples como ouvir um pássaro cantar ou reparar no sorriso de uma criança; o importante é que ela transmita uma sensação agradável.

A prática contém duas partes:

1. A escolha consciente **de qual** vai ser o alvo da sua atenção — ficando atento a experiências agradáveis.
2. A escolha consciente **de como** prestar atenção, concentrando-se nos diferentes aspectos de cada experiência agradável — o sentimento agradável em si e quaisquer outros sentimentos existentes, quaisquer pensamentos que passem pela sua mente e as sensações no seu corpo.

Use as perguntas que se seguem para focalizar a atenção nos detalhes da experiência enquanto ela está acontecendo. Você pode descrevê-la por escrito mais tarde.

Qual foi a experiência?	Que sensações você sentiu no seu corpo, com detalhes?	Que disposições de ânimo ou sentimentos você notou?	Que pensamentos passaram pela sua mente?	Que pensamentos estão na sua mente agora enquanto você escreve?
Exemplo: Eu voltava para casa no final do meu expediente — parei ao ouvir um pássaro cantar.	Leveza no rosto, consciente de que os ombros caíram; elevação dos cantos da boca.	Alívio, prazer.	"Isso é bom", "É encantador [o pássaro]", "É tão agradável ficar ao ar livre".	"Foi uma coisa muito pequena, mas estou feliz por tê-la notado."

As suas descrições devem ser detalhadas — por exemplo, escreva os seus pensamentos palavra por palavra se for assim que você os vivencia ou descreva quaisquer imagens no seu olho mental; assinale exatamente onde quaisquer sensações foram sentidas no corpo e quais foram elas. Use o próprio ato de registrar como uma oportunidade de se conscientizar dos pensamentos que estejam passando pela sua mente enquanto você escreve.

Primeiro dia Qual foi a experiência?	Que sensações você sentiu no corpo, com detalhes?	Que disposições de ânimo ou sentimentos você notou?	Que pensamentos passaram pela sua mente?	Que pensamentos estão na sua mente agora enquanto você escreve?

Chegar ao conhecimento por meio do pensamento significa que vemos as experiências como bolhas — coisas que são boas ou más em si mesmas e às quais temos de nos agarrar ou das quais temos de nos livrar para ser felizes. Esse é o modo mental do fazer compulsivo.

Focalizar a atenção nos aspectos separados da experiência — sensações do corpo, sentimentos, pensamentos — nos possibilita nos "desbolhar", nos relacionar com a experiência como padrões em constante modificação os quais podemos simplesmente conhecer diretamente no momento. Quando nos relacionamos dessa maneira com a experiência, desconectamos o modo mental de fazer compulsivo.

Segundo dia Experiência?	Sensações, com detalhes?	Disposições de ânimo ou sentimentos?	Pensamentos na ocasião?	Pensamentos agora?

Muitos de nós acabamos não prestando atenção aos sentimentos desagradáveis como uma forma de autoproteção. A longo prazo, isso não funciona. Também significa que ficamos entorpecidos de um modo geral com relação a **todos** os sentimentos — desagradáveis **e** agradáveis. Dessa maneira, nós nos desligamos de grande parte da riqueza potencial da vida e do profundo potencial para a cura da nossa mente e do nosso coração. Prestar atenção diretamente à simples sensação de uma experiência ser agradável ou não pode nos reconectar ao mundo mais amplo do sentimento e nos abrir mais plenamente para a maravilha de estar vivos.

Terceiro dia Experiência?	Sensações, com detalhes?	Disposições de ânimo ou sentimentos?	Pensamentos na ocasião?	Pensamentos agora?

Quarto dia Experiência?	Sensações, com detalhes?	Disposições de ânimo ou sentimentos?	Pensamentos na ocasião?	Pensamentos agora?

> O modo de fazer da mente controla aquilo a que habitualmente prestamos atenção — em um estado mental deprimido, nós nos concentramos nas coisas negativas e no que está errado, em um estado mental ansioso nós focalizamos o que é ameaçador e perigoso, e assim por diante para outros tipos de modos mentais de fazer. Procurar de modo deliberado experiências agradáveis pode reajustar a nossa atenção e nos abrir para as inúmeras pequenas alegrias da vida, as quais sempre estiveram presentes mas que nós nunca notamos — o reflexo das árvores na água, o riso das crianças, as flores que crescem ao lado da estrada...

Quinto dia Experiência?	Sensações, com detalhes?	Disposições de ânimo ou sentimentos?	Pensamentos na ocasião?	Pensamentos agora?

Sexto dia Experiência?	Sensações, com detalhes?	Disposições de ânimo ou sentimentos?	Pensamentos na ocasião?	Pensamentos agora?

No final da semana, passe alguns momentos refletindo sobre a sua experiência com a Agenda de Experiências Agradáveis.

Em seguida, escreva algo que você aprendeu ou observou que valha a pena recordar:

___
___
___
___
___
___
___
___
___
___
___
___
___
___

Sonhando com o Real

Estou deitada contemplando a cor
do céu caindo através da árvores, sonhando
com o real, saboreando a sensação de amá-lo.

Por que levei tanto tempo para me soltar, simplesmente
expirar, para que o dia pudesse inspirar a si mesmo
e se abrir sem que eu fosse um obstáculo?

Como pude me esquecer do encanto do meu próprio corpo
que é forte como esse azul, sensível como o branco
das flores silvestres, cálido como a luz do meio-dia?

Quero praticar uma paciência arrojada o bastante
para conter todos os fenômenos meteorológicos, confiando nos elementos,
na beleza da chuva, todos os seus tons cinzentos.

Eu quero que o que quer que seja real seja suficiente. Pelo menos
é um lugar para começar. E para dominar a arte
de amá-lo; senti-lo retribuir o meu amor debaixo da minha pele.

Linda France

7

Terceira Semana
Voltando ao Presente

REUNINDO A MENTE DISPERSA

Orientação

Faça esta breve experiência
1. Depois de ter lido estas instruções, descanse o livro e verifique a hora em um relógio.
2. Sente-se sem fazer nada durante 1 minuto.
3. Quando o minuto terminar, pegue o livro e retome a leitura.

Onde a sua mente estava durante esse minuto? Ela estava com você na sala, completamente envolvida com o agora onipresente enquanto ele se desdobrava de momento em momento?

Ou a sua mente o levou para bem longe deste tempo e deste lugar? Talvez ela o tenha conduzido ao futuro, para eventos que irão acontecer daqui a minutos, horas, semanas ou anos. Ou talvez ela o tenha levado de volta ao passado — a eventos que aconteceram mais cedo hoje, ontem, na semana passada ou anos atrás.

Se você vivenciou alguma dessas coisas, você simplesmente estava envolvido na **viagem no tempo mental** — a terceira das sete características fundamentais do modo de fazer da mente (página 29).

A capacidade de viajar para diferentes épocas e lugares na nossa mente, quando usada de maneira consciente e intencional, possibilita que façamos planos para o futuro e aprendamos com o passado.

Mas quando o modo de fazer compulsivo da mente nos leva para longe do aqui e agora sem o nosso conhecimento ou consentimento, nós temos problemas:

- Ruminar a respeito do passado nos arrasta de volta para a depressão ou a raiva.
- Preocupar-nos com o futuro nos inclina para a ansiedade.
- Antever tudo o que "temos de" fazer nos leva a nos sentir sobrecarregados, exaustos e estressados.

Na terceira semana vamos investigar como, onde quer que estejamos, não importa o que estejamos fazendo, podemos aprender a nos livrar da viagem inútil e involuntária no tempo mental.

1. usando a respiração como uma âncora onipresente a fim de retornar ao aqui e agora
2. por meio da percepção consciente do corpo em movimento
3. com uma minimeditação — o Espaço de Respiração de 3 Minutos

Com a prática, podemos aprender a reunir e acomodar a nossa mente dispersa, quando então passamos a vivenciar a calma e a paz que nos aguardam debaixo do tumulto da mente pensante compulsiva.

Prática diária

Durante a terceira semana, pratique cada um dos seguintes exercícios **em seis dos sete próximos dias:***

1. Meditação Combinada de Alongamento e Respiração (dias, 1, 3 e 5)
2. Meditação do Movimento Consciente (dias 2, 4 e 6)
3. Espaço de Respiração de 3 Minutos
4. Agenda de Experiências Desagradáveis

Cuidando Bem do seu Corpo

Duas das práticas desta semana envolvem exercícios físicos suaves.

A intenção dessas práticas é que você se conscientize das sensações físicas e dos sentimentos em todo o corpo, respeitando e investigando os limites dele e abandonando qualquer tendência de ir além dos seus limites.

Se você tem problemas nas costas ou algum outro tipo de problema de saúde, tome a sua própria decisão com relação a quais desses exercícios você deve fazer (se é que você acha que deve fazer algum) ou consulte o seu médico ou fisioterapeuta se estiver inseguro quanto a isso.

---

* As duas primeiras práticas estão programadas para dias alternados; portanto, embora possa parecer que esta semana inclui mais práticas e instruções, na verdade as coisas funcionam praticamente como de costume.

1. Meditação Combinada de Alongamento e Respiração

No primeiro, no terceiro e no quinto dia, organize o que você precisa para a prática da meditação na posição sentada — uma cadeira, uma almofada ou um banco de meditação — e depois siga as instruções da faixa 6 do áudio (*Meditação de Alongamento e Respiração*). Essa prática envolve alguns minutos de alongamento consciente seguido imediatamente por uma meditação na posição sentada.

O alongamento consciente envolve uma série de suaves alongamentos na posição em pé — lembre-se de cuidar bem do seu corpo. Se você tiver problemas nas costas ou outro problema de saúde, analise primeiro as instruções sem segui-las e depois reflita cuidadosamente se você deve fazer todas as práticas descritas, algumas delas ou até mesmo nenhuma. Sinta-se à vontade para omitir aquelas que possam ser difíceis demais neste momento e apenas imagine que as está executando enquanto lê as instruções.

Uma versão das instruções é apresentada nas páginas 100-101.

MEDITAÇÃO DE ALONGAMENTO E RESPIRAÇÃO: ALONGAMENTO CONSCIENTE

1. Primeiro, encontre um lugar no qual você possa ficar em pé, descalço ou de meias, com os pés afastados a uma distância equivalente à largura dos quadris, com os joelhos destravados para que as suas pernas possam se curvar levemente e os pés paralelos (na verdade, é incomum ficar em pé com os pés dessa maneira, e isso, por si só, pode gerar sensações corporais diferentes).
2. Em seguida, lembre a si mesmo qual é a intenção dessa prática: tornar-se consciente, da melhor maneira possível, com delicadeza, das sensações físicas e dos sentimentos em todo o corpo à medida que você executa uma série de suaves alongamentos, respeitando e investigando as limitações do seu corpo em cada momento e deixando de lado qualquer tendência de ir além dos seus limites ou de competir consigo mesmo ou com outras pessoas.
3. Em seguida, em uma expiração, eleve lenta e conscientemente os braços pelas laterais do corpo e continue a levantá-los, lenta e conscientemente, até que as suas mãos estejam acima da cabeça; enquanto fizer isso, sinta a tensão nos músculos enquanto eles trabalham para levantar os braços e depois mantê-los no alongamento.
4. Depois, deixando que o ar entre e saia livremente no seu próprio ritmo, continue a se alongar para cima, com as pontas dos dedos estendendo-se suavemente na direção do céu e os pés firmemente apoiados no chão, sentindo o alongamento dos músculos e das articulações do corpo desde os pés e as pernas até as costas, os ombros, os braços, as mãos e os dedos.
5. Sustente o alongamento durante algum tempo enquanto inspira e solta o ar livremente e observa quaisquer mudanças nas sensações e nos sentimentos no seu corpo com a respiração e à medida que você continua a sustentar o alongamento. É claro que isso poderá incluir uma sensação de crescente tensão ou desconforto e, se for esse o caso, veja se é possível se abrir para isso também.

6. Em seguida, quando estiver pronto, devagar, muito devagar, em uma expiração, abaixe os braços. Traga-os lentamente para baixo. Mantenha os pulsos flexionados de maneira que os dedos apontem para cima e as palmas das mãos se voltem para fora (novamente uma posição incomum) até que os braços voltem a repousar ao longo das laterais do corpo, pendendo dos ombros.
7. Feche suavemente os olhos e concentre a atenção nos movimentos da respiração bem como nas sensações e nos sentimentos em todo o corpo, permanecendo em pé na posição inicial, talvez notando o contraste na sensação física de liberação (e não raro de alívio) associada ao retorno a uma postura neutra.
8. Prossiga alongando conscientemente para cima cada braço e mão, um de cada vez, como se você estivesse apanhando uma fruta em uma árvore ligeiramente fora de alcance, com plena consciência das sensações em todo o seu corpo e da respiração. Veja o que acontece ao alongamento da sua mão e à respiração se você levantar do chão o calcanhar oposto enquanto estiver se alongando.
9. Em seguida, eleve bem alto ambos os braços, lenta e conscientemente, mantendo-os paralelos um ao outro, e depois deixe que todo o corpo se incline para a esquerda, formando uma grande curva que se estende para o lado a partir dos pés até o tronco, os braços, as mãos e os dedos. Em seguida, em uma inspiração, volte ao centro e, ao soltar o ar, incline-se lentamente, formando uma curva na direção oposta. Então, voltando a uma posição central ereta, abaixe lentamente os braços até que eles pendam livremente ao longo corpo.
10. Agora você pode se distrair mexendo os ombros enquanto deixa os brancos penderem passivamente. Primeiro, levante os ombros na direção das orelhas até onde eles alcançarem; em seguida, leve-os para trás como se estivesse tentando juntar as escápulas; depois, deixe que eles desçam novamente; em seguida, leve os ombros o mais para a frente do corpo possível, como se você estivesse tentando fazer com que eles se tocassem, mantendo os braços passivos e pendentes. Continue a se movimentar nessas diversas posições o mais suave e conscientemente que você conseguir, sempre com os braços pendentes, primeiro em uma direção e depois na direção oposta, em um movimento de "remar", para a frente e para trás.
11. Na sequência, depois de ter descansado novamente em uma postura ereta neutra, distraia-se girando conscientemente a cabeça em um semicírculo. Primeiro, abaixe o queixo na direção do peito, deixando que ele fique pendente nessa posição, mas sem forçá-lo... e depois incline a cabeça para o lado esquerdo de maneira que o ouvido esquerdo desça na direção do ombro esquerdo. Em seguida, leve lentamente a cabeça para o outro lado de modo que o ouvido direito desça na direção do ombro direito... e então desça a cabeça novamente na direção do peito... e em seguida, quando você estiver pronto, inverta a direção do movimento.
12. Finalmente, no final dessa sequência de movimentos, permaneça imóvel por alguns momentos, em postura ereta, e sintonize-se com as sensações do corpo e os efeitos desses alongamentos, antes de prosseguir para a meditação na posição sentada.

Alongamentos Conscientes em Pé

Passos 1-2   Passos 3-5   Passos 6-7   Passo 8 (AMBOS OS LADOS)   Passo 9 (AMBOS OS LADOS)

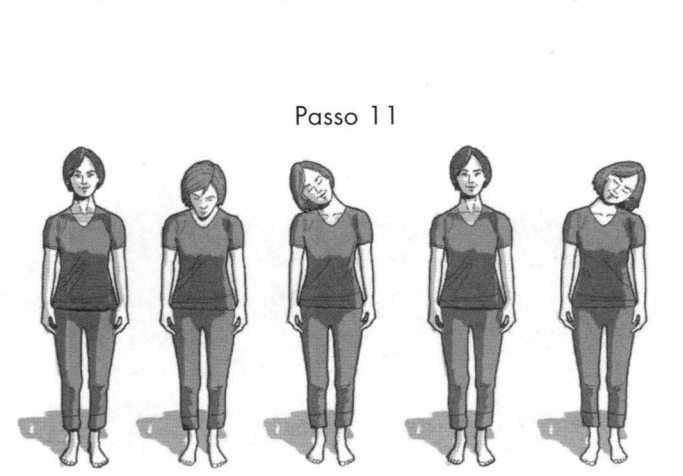

Passo 10

Passo 11

Figuras adaptadas de Kabat-Zinn, J., *Full Catastrophe Living* (Segunda Edição), 2013, Nova York: Bantam Books.

Meditação de Alongamento e Respiração: Meditação na Posição Sentada

1. Pratique a atenção plena da respiração, como descrito anteriormente (página 85), durante 10 minutos.
2. Em seguida, quando você sentir que está razoavelmente acomodado na percepção consciente da respiração, deixe, de modo intencional, que a sua consciência se expanda em torno da respiração a fim de também incluir uma percepção das sensações físicas no corpo inteiro. Permaneça consciente, em segundo plano, dos movimentos da respiração no abdômen inferior e deixe que o foco primário da sua atenção seja uma percepção do seu corpo como um todo e dos padrões de sensação em todo o corpo que se modificam. Você constatará que está percebendo os movimentos da respiração em todo o corpo, como se todo ele estivesse respirando.
3. Dentro dessa percepção mais ampla do corpo e da respiração, repare nos padrões de sensações físicas que surgem quando o corpo entra em contato com o chão, a cadeira, a almofada ou o banco — as sensações de toque, pressão ou contato dos seus pés ou joelhos com o chão; das suas nádegas com o que quer que as esteja sustentando; das mãos onde elas descansam uma sobre a outra ou nas coxas. Sustente todas essas sensações delicadamente, da melhor maneira possível, com a percepção da respiração e do seu corpo como um todo, em um espaço mais amplo de consciência.
4. A sua mente divagará repetidamente e se afastará da respiração e das sensações no corpo — isso é natural, é algo a ser esperado, e não é de modo nenhum um erro ou fracasso. Sempre que você notar que a sua atenção se deslocou para longe da percepção do corpo ou da respiração, você talvez deseje se congratular; você "despertou". Assinale delicadamente onde a sua mente estava (algumas pessoas consideram proveitoso dizer "pensando" muito de leve, para si mesmas, no fundo da mente) e, depois, do modo mais suave que puder, leve o foco da sua atenção de volta para a respiração e a percepção do corpo como um todo.
5. Procure, da melhor maneira, sem esforço, manter as coisas simples, lidando com a realidade das sensações em todo o corpo, de momento em momento.
6. Enquanto estiver sentado, algumas sensações poderão ser particularmente intensas, como dores nas costas, nos joelhos ou nos ombros. Você poderá constatar que a sua atenção é repetidamente atraída para essas sensações e para longe do foco planejado na respiração ou no corpo como um todo. Você talvez deseje usar esses momentos para experimentar escolher de forma deliberada mudar de posição ou permanecer imóvel e levar o foco da atenção para a região de intensidade. Se você optar por permanecer imóvel, explore então, da melhor maneira, com suave atenção, o padrão detalhado das sensações aqui: como, precisamente, você sente as sensações? Onde, exatamente, elas estão? Elas variam com o tempo ou de uma parte da região de intensidade para outra? Veja se é possível apenas *senti-las*, em vez de *pensar* a respeito delas. Talvez seja interessante usar a respiração como uma maneira de conduzir a atenção para essas regiões de intensidade, "respirando" nelas durante a inspiração, exatamente como no *body scan*; e na expiração, "soltando o ar" a partir dessas sensações, reduzindo a resistência e se abrindo à medida que o ar sai do corpo.

> 7. Sempre que você perceber que a sua atenção foi "arrebatada" do momento presente pela intensidade das sensações físicas, ou de outra maneira, lembre a si mesmo que você sempre pode se reconectar com o aqui e o agora voltando a focalizar a atenção nos movimentos da respiração ou na percepção do seu corpo como um todo. Uma vez que você tenha voltado a se **agregar** dessa maneira, você pode deixar que a consciência se expanda uma vez mais a fim de incluir a percepção de sensação em todo o corpo.
> 8. Nos últimos minutos desta meditação, leve o foco da sua atenção de volta para a respiração no abdômen, sintonizando-se com quaisquer sensações em cada inspiração e em cada expiração. E enquanto você está sentado aqui respirando, permita-se cultivar um senso de consciência de momento a momento, lembrando-se de que a respiração está disponível para você em qualquer instante do seu dia, a fim de possibilitar que você se sinta assentado, de lhe proporcionar um sentimento de equilíbrio e possibilitar que você aceite a si mesmo exatamente como você é em cada momento.

Primeiro dia (alongamento e respiração): na parte sentada da meditação, o que você fez quando notou que a sua mente tinha divagado?

_____

_____

_____

_____

> Fico pensando em mil e uma outras coisas. É muito difícil me impedir de ir ao futuro pensar a respeito de várias coisas. Eu tento controlar isso, e talvez funcione por uns 2 minutos, mas depois lá vou eu de novo.

> É natural sentir que deveríamos fazer algo para controlar os pensamentos ou nos livrar deles, por isso é importante lembrar que a nossa intenção não é afastar os pensamentos ou esmagá-los; se fizermos isso, estaremos apenas lhes dando mais energia, e eles voltam com mais força ainda.

A nossa intenção não é frear a mente pensante — a intenção é reconhecer "Eis um pensamento" e, da melhor maneira possível, sem esforço, abandonar o pensamento e voltar a focalizar a respiração.

Terceiro dia (alongamento e respiração): na parte sentada da meditação, o quanto você foi delicado ou indelicado consigo mesmo ao notar que a sua mente estava divagando repetidamente?

_____
_____
_____
_____
_____

> Fiquei aborrecido comigo mesmo; é uma coisa tão simples, eu deveria ser capaz de fazê-la. Estou certo de que outras pessoas não têm esse problema — preciso persistir mais.

> Neste estágio do programa, a maioria das pessoas passa um bom tempo se esforçando para manter o foco da atenção na respiração. Entenda delicadamente, da melhor maneira possível, que as divagações da mente são "apenas como as coisas são neste momento" e reaja com o máximo de suavidade, gentileza e humor que você conseguir — e se você não conseguir ser gentil, seja gentil com isso também!

Quinto dia (alongamento e respiração): na parte sentada da meditação, quanto desconforto físico você experimentou? Como você reagiu?

_____
_____
_____
_____
_____

> As minhas costas estavam doendo, os joelhos estavam doloridos — eu realmente tive que me esforçar para permanecer concentrado na respiração sem me mexer — mas eu me mantive firme até o final.

> A ideia não é sentir que você precisa suportar indefinidamente a dor física como um teste de resistência ou caráter! É melhor não se mexer assim que você sentir um indício de desconforto (porque isso fortalecerá o hábito da evitação automática) mas, depois de ter explorado as sensações intensas de uma maneira conscientemente sábia e delicada, é aceitável se mover cuidadosamente como um ato de gentileza para consigo mesmo.

> **Hurra para a Divagação da Mente!**
>
> A divagação mental não é um erro ou um fracasso — é simplesmente o que as mentes fazem.
>
> O objetivo dessa prática não é impedir que a sua mente divague, e sim usar os momentos em que você nota a mente divagar para desenvolver as suas habilidades de:
>
> 1. *reconhecer* que isso aconteceu — *sem ser duro consigo mesmo*
> 2. *fazer uma pausa* longa o bastante para saber onde a sua mente está nesse momento.
> 3. *abandonar* o que estava na sua mente
> 4. levar a atenção de volta para a respiração com *delicadeza e gentileza*
>
> A prática nos oferece chance após chance de voltar da viagem no tempo mental e recomeçar, neste momento, com essa respiração.
>
> *Notar que a mente divagou e trazê-la de volta é a essência da prática da meditação — é como aprendemos a saber quando estamos no modo de fazer e delicadamente nos libertamos e entramos no modo de ser.*

2. Meditação do Movimento Consciente

No segundo, no quarto e no sexto dia desta semana, toque a faixa 5 do áudio (*Movimento Consciente*) e siga as instruções da melhor forma possível. Os croquis das posturas de movimento consciente são mostrados nas páginas 104-107. (Não é fácil realizar um movimento consciente a partir de instruções escritas, de modo que não fornecemos nenhuma; use as instruções dos áudios.)

Esta prática envolve uma série de suaves alongamentos do corpo. Uma vez mais, lembre-se de **cuidar bem do seu corpo**. Se você tiver problemas nas costas ou outro problema de saúde, sinta-se à vontade para ouvir primeiro as instruções sem segui-las e depois pensar cuidadosamente se deve fazer todas, algumas ou nenhuma das práticas. À medida que você for sendo guiado ao longo da prática, deixe que a sabedoria do seu corpo decida que alongamento você deve fazer e por quanto tempo.

A intenção desta prática é ajudá-lo a se sintonizar com as sensações no corpo exatamente como elas são. O objetivo não é ajudá-lo a ficar em forma ou desafiar a si mesmo a se alongar mais do que você já se alongou antes. **Veja se é possível fazer o alongamento sem esforço.**

Movimento Consciente (página 1 de 4)

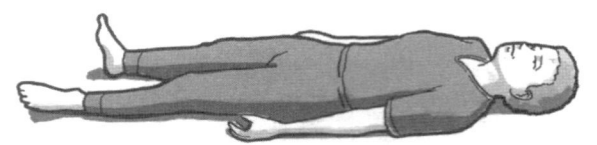

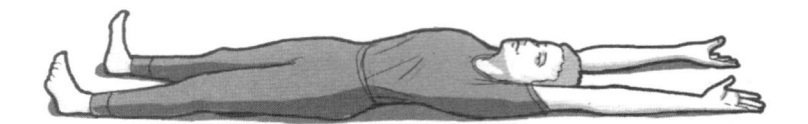

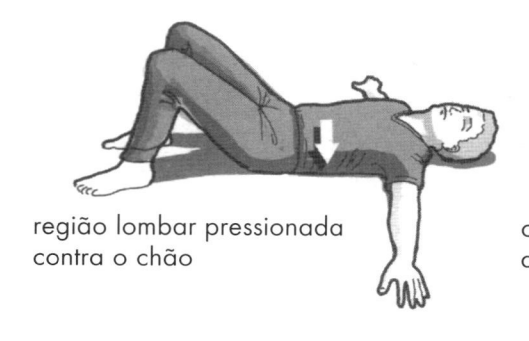

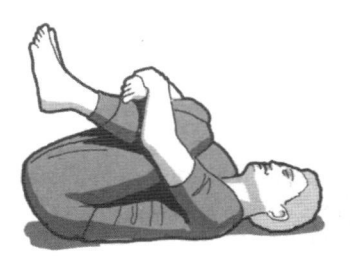

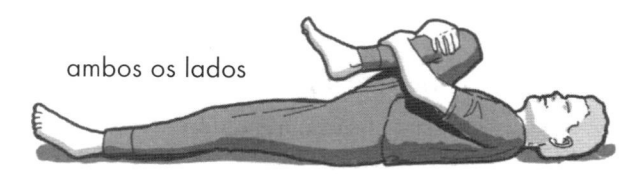

região lombar pressionada contra o chão

coluna lombar arqueada: a pelve permanece no chão

ambos os lados

Figuras adaptadas de Kabat-Zinn, J., *Full Catastrophe Living* (Segunda Edição), 2013, Nova York: Bantam Books.

Movimento Consciente (página 2 de 4)

ambos os lados

ambos os lados

ambos os lados

Figuras adaptadas de Kabat-Zinn, J., *Full Catastrophe Living* (Segunda Edição), 2013, Nova York: Bantam Books.

Movimento Consciente (página 3 de 4)

ambos os lados

ambos os lados

ambos os lados

ambos os lados

Figuras adaptadas de Kabat-Zinn, J., *Full Catastrophe Living* (Segunda Edição), 2013, Nova York: Bantam Books.

Movimento Consciente (página 4 de 4)

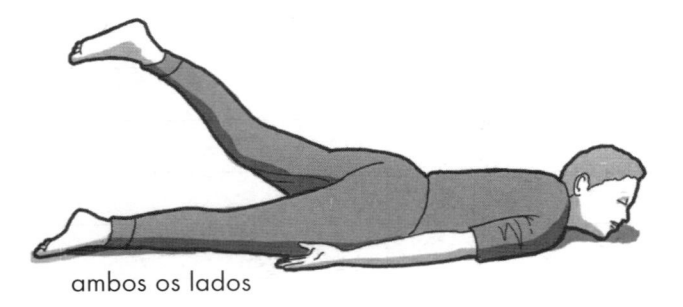

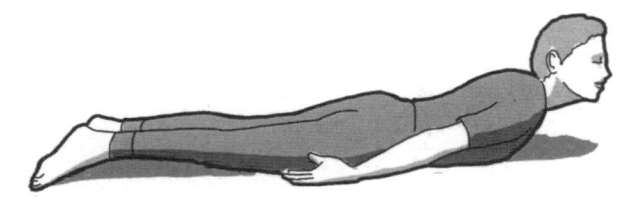

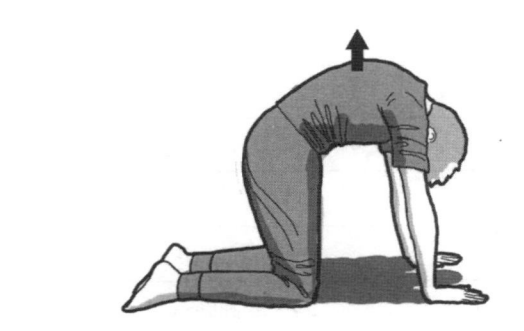

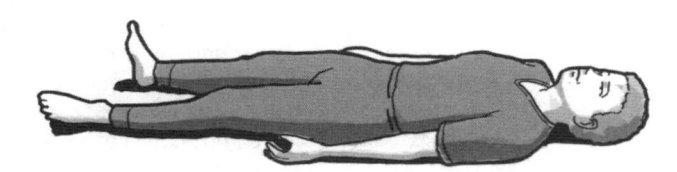

ambos os lados

Figuras adaptadas de Kabat-Zinn, J., *Full Catastrophe Living* (Segunda Edição), 2013, Nova York: Bantam Books.

Segundo dia (movimento consciente): permanecer consciente das sensações corporais nesta prática foi mais fácil ou mais difícil do que na meditação na posição sentada?

_____
_____
_____
_____
_____

> Para mim, foi mais fácil — as sensações do corpo enquanto eu me mexia e me alongava eram muito mais "estridentes" e mais fáceis de notar do que quando eu estava sentado — e como havia menos silêncio, a minha mente não divagou para muito longe. Eu gostei da prática!

> Muitas pessoas sentem a mesma coisa — é por isso que a atenção plena do corpo em movimento, onde quer que estejamos, pode ser uma maneira muito proveitosa de reunir a mente dispersa e voltar para o aqui e o agora.

Quarto dia (movimento consciente): como você reagiu às sensações intensas no corpo, caso as tenha vivenciado?

_____
_____
_____
_____
_____

> Eu não queria senti-las! Então eu realmente não me pressionei e nem me alonguei o quanto eu deveria.

> A habilidade de <u>abordar diretamente as sensações corporais desagradáveis e deslocar a atenção para elas</u> é uma parte fundamental de aprender a trabalhar com emoções difíceis <u>no corpo</u>. O alongamento consciente possibilita "trabalharmos o limite" com as sensações corporais intensas — deslocamos delicadamente a atenção cada vez para mais perto das sensações intensas até que optamos por não ir além, recuando um pouco se desejarmos, e depois, quando estamos prontos, gradualmente nos aproximamos uma vez mais da intensidade, sabendo que podemos escolher atenuar o alongamento a qualquer momento.

Ao deslocar intencionalmente a atenção de uma maneira delicada e gradual *na direção de* sensações desconfortáveis, começamos a desfazer o hábito bastante arraigado de evitar os sentimentos desagradáveis — a energia que mantém ativas *todas* as emoções difíceis.

Sexto dia (movimento consciente): que reações *corporais* a sensações intensas você notou? O que sentiu com essas reações?

_____

_____

_____

> Eu notei que estava ficando tenso e oferecendo resistência aos alongamentos — e isso, em si, era desagradável.

> Essa prática pode nos ajudar a enxergar a maneira como frequentemente AMPLIAMOS as sensações e os sentimentos desagradáveis — existe (a) o inevitável desconforto em sustentar um alongamento por mais tempo que o habitual e (b) o desconforto evitável de resistir a essas sensações ou de nos esforçar e nos pressionar para atingir um padrão que NÓS (não as instruções!) estabelecemos com relação a como a prática deve ser feita.

Teremos muito mais a dizer na próxima semana a respeito de como habitualmente AMPLIAMOS as sensações ou os sentimentos desagradáveis.

3. Espaço de Respiração de 3 Minutos

O propósito da MBCT é você usar a atenção plena como uma forma de reunir a mente dispersa e se relacionar de uma maneira mais hábil com as emoções difíceis à medida que elas forem surgindo, onde quer que você esteja.

Na maioria das situações não é possível fechar os olhos e meditar durante 40 minutos!

Para preencher a lacuna entre a prática da meditação "formal" (*body scan*, meditação na posição sentada, movimento consciente) e a vida do dia a dia em que você efetivamente precisa usar habilidades de atenção plena, nós usamos uma minimeditação — o Espaço de Respiração de 3 Minutos.

Para começar, incorporamos essa prática na rotina de cada dia da sua vida.

Todos os dias desta semana, faça um espaço de respiração de 3 minutos **três vezes por dia** em horários que você tenha escolhido de antemão; o ideal é ter os mesmos horários em cada dia.

Uma vez por dia, use a faixa 8 do áudio (*Espaço de Respiração de 3 Minutos*) como orientação para o espaço de respiração. Nas outras vezes, guie a si mesmo de memória ou usando as instruções que se seguem.

Registre a prática diária desses espaços de respiração REGULARES no seu celular ou anote em uma folha de papel ou cartão que você carregue com você e depois registre-as no final do dia fazendo um círculo em volta de um R aqui:

Primeiro dia: **R R R**   Segundo dia: **R R R**   Terceiro dia: **R R R**
Quarto dia: **R R R**   Quinto dia: **R R R**   Sexto dia: **R R R**

Instruções para o Espaço de Respiração de 3 Minutos

Preparação

Comece adotando uma postura ereta e digna, quer você esteja sentado ou em pé. Se possível, feche os olhos. Em seguida, leve cerca de 1 minuto guiando-se por meio dos três passos seguintes:

Passo 1. Tornando-se Consciente

Direcionando a atenção para a experiência interior, pergunte: **qual é a minha experiência** *neste momento?*

- Que *pensamentos* estão passando pela sua mente? Reconheça, da melhor maneira possível, os pensamentos como eventos mentais, talvez colocando-os em palavras.
- Que *sentimentos* estão aqui? Volte-se na direção de qualquer sensação de desconforto emocional ou de sentimentos desagradáveis, reconhecendo a presença deles.
- Que *sensações corporais* estão aqui neste momento? Você pode, talvez, escanear rapidamente o seu corpo a fim de captar quaisquer sensações de tensão ou resistência.

Passo 2. Reunião

Reoriente agora a sua atenção para que ela se concentre nas sensações físicas da respiração por si mesma.

Aproxime-se da sensação da respiração no abdômen... sinta as sensações da parede abdominal se expandindo enquanto o ar entra... e recuando enquanto o ar sai.

Siga todo o trajeto do ar para dentro e para fora do corpo, usando a respiração para se ancorar ao presente. Se, em qualquer momento, a sua mente divagar, conduza-a delicadamente de volta à respiração.

Passo 3. Expansão
Expanda agora o campo da sua consciência ao redor da respiração de maneira que ela inclua a percepção do corpo como um todo, a sua postura e a expressão facial.

Se você se conscientizar de quaisquer sensações de desconforto, tensão ou resistência, conduza a atenção para essas sensações, respirando nelas durante a inspiração. Em seguida, solte o ar a partir dessas sensações, atenuando-se e abrindo-se com a expiração.

Da melhor maneira possível, leve delicadamente essa consciência expandida para os momentos seguintes do seu dia.

O espaço de respiração é a maneira de sairmos do piloto automático e restabelecermos a conexão com o momento presente.

> Quando devo fazer os meus três espaços de respiração diários?

> O ideal é escolher momentos associados a eventos firmemente inseridos na sua rotina cotidiana. Por exemplo, você pode fazer um espaço de respiração assim que sair da cama, ou logo antes de tomar banho, depois do café da manhã, do almoço ou do jantar, em uma hora na qual você faz regularmente uma pausa no trabalho, no trem ou no ônibus quando estiver indo ou voltando do trabalho, ou imediatamente antes de se preparar para dormir — veja se consegue encontrar os melhores momentos para você.

Anote aqui as três vezes nas quais você planeja fazer um Espaço de Respiração Regular todos os dias:

Hora 1 _____

Hora 2 _____

Hora 3 _____

O espaço de respiração de 3 minutos é a prática isolada mais importante do programa da MBCT.

> "Por que não vamos diretamente para o Passo 2 — concentrar a atenção na respiração? Essa não é a principal habilidade que estamos aprendendo? Qual é a finalidade dos Passos 1 e 3?

Aprender a deslocar a atenção para a respiração é uma maneira muito proveitosa de abandonar a ruminação, a preocupação, o planejamento obsessivo etc. Mas se isso fosse tudo, estaríamos apenas mudando aquilo EM QUE a mente está trabalhando, em vez de COMO ela está trabalhando — e muito provavelmente ainda estaríamos no modo de fazer. Os Passos 1 e 3 estão presentes no intuito de nos ajudar a mudar para o modo de ser — mudar tanto COMO a mente está trabalhando quanto NO QUE ela está trabalhando.

> Então o que acontece no Passo 1?

No Passo 1, levamos pensamentos, sentimentos e sensações corporais ao âmbito do processamento consciente em vez de automático. Ao conduzir deliberadamente uma atenção interessada à nossa experiência interior, mesmo que esta seja difícil ou desagradável, nós fortalecemos as tendências de aproximação da mente e enfraquecemos a tendência dela de evitar as coisas. Também fazemos o máximo para enxergar pensamentos, sentimentos e sensações pelo que eles são — apenas eventos que passam pela mente, e não realidades ou mensagens infalíveis de que alguma coisa está errada.

> E no Passo 3?

No Passo 3, depois de reunir e acomodar a mente da melhor maneira possível, expandimos a nossa consciência a fim de incluir toda a experiência do corpo naquele momento (não apenas a respiração) no âmbito do modo de ser. Dessa maneira, preparamos a mente para que possamos saudar toda a experiência da vida no modo de ser quando saímos do espaço de respiração de 3 minutos e nos reconectamos com o nosso dia. Caso experiências difíceis ou desagradáveis estejam presentes, nós já nos preparamos para recebê-las com abertura e aceitação ao cultivar deliberadamente uma atitude mais delicada com relação a qualquer desconforto que possamos sentir no corpo no Passo 3.

O espaço de respiração nos prepara para encontrar a vida com uma atitude mental diferente, totalmente envolvidos com o presente, em vez de apenas fazer uma pausa no pensamento.

---

4. Agenda de Experiências Desagradáveis

Diariamente, tenha a intenção de se conscientizar de uma experiência desagradável enquanto ela estiver acontecendo.

Ela não precisa ser uma coisa exagerada – apenas uma experiência que lhe tenha transmitido uma sensação desagradável, indesejada ou de alguma maneira irritante. Pode ser tão insignificante quanto uma leve irritação passageira ou uma sensação de cansaço.

Assim como na semana passada, essa prática o convida a fazer o esforço consciente de prestar atenção de uma maneira diferente – de deliberadamente se voltar **na direção** da experiência desagradável (o que não costuma ser a nossa reação habitual) e verificar se é possível se conscientizar dos aspectos isolados dela – no sentimento desagradável propriamente dito, em quaisquer outros sentimentos em torno dele, quaisquer pensamentos que estejam passando pela sua mente e nas sensações no seu corpo.

Desmembrar a experiência desagradável nos seus componentes dessa maneira é um passo fundamental para começar uma maneira nova e mais habilidosa de se relacionar com emoções e situações desagradáveis.

Veja se você consegue se conscientizar da diferença entre, por um lado, os *sentimentos desagradáveis* propriamente ditos e, por outro, qualquer *reação* à qualidade desagradável.

Use as perguntas que se seguem para concentrar a atenção nos detalhes da experiência enquanto ela estiver acontecendo. Você poderá descrevê-la por escrito mais tarde.

Qual foi a experiência?	*Que sensações você sentiu no seu corpo, com detalhes?*	*Que disposições de ânimo ou sentimentos você notou?*	*Que pensamentos passaram pela sua mente?*	*Que pensamentos estão na sua mente agora enquanto você escreve?*
Exemplo: esperar que a empresa de serviço por cabo venha consertar a nossa linha. Compreender que estou perdendo uma reunião importante no trabalho.	Têmporas latejando, tensão no pescoço e nos ombros, andar de um lado para o outro sem parar.	Eu me senti zangado e impotente.	"Esta é a ideia deles de excelente serviço?"; "Eu não queria perder essa reunião de jeito nenhum."	Espero não ter de passar por isso de novo tão cedo.

Escreva os seus pensamentos, palavra por palavra, se é assim que você costuma vivenciá-los, ou descreva quaisquer imagens que estejam no seu olho mental; assinale exatamente em que ponto quaisquer sensações foram sentidas no corpo e quais foram elas. Use o próprio ato de registrar o ocorrido como uma oportunidade de se conscientizar de quaisquer pensamentos que estejam passando pela sua mente enquanto você escreve.

Primeiro dia Qual foi a experiência?	Que sensações você sentiu no corpo, com detalhes?	Que disposições de ânimo ou sentimentos você notou?	Que pensamentos passaram pela sua mente?	Que pensamentos estão na sua mente agora enquanto você escreve?

Temos a tendência automática de reagir aos sentimentos desagradáveis querendo nos livrar ou nos afastar deles. Esse próprio "não querer" ou essa "aversão" transmite uma sensação desagradável. Por meio de um exame cuidadoso, poderemos reconhecer, com o tempo, a diferença entre os sentimentos desagradáveis e a reação de "não querer" ou de empurrar para longe. O corpo pode nos dar pistas — você pode ter notado tensão, contração ou resistência no corpo associadas a "não querer". Cada um de nós tem o seu próprio padrão de sensações — talvez no rosto, nos ombros, no abdômen, nas mãos ou no peito — procure descobrir o seu padrão particular.

Segundo dia Experiência?	Sensações, com detalhes?	Disposições de ânimo ou sentimentos?	Pensamentos na ocasião?	Pensamentos agora?

> Não querer vivenciar sentimentos desagradáveis significa que tentamos manter as experiências difíceis ou incômodas a distância — nós não as examinamos de perto. Isso significa que elas podem parecer "grandes bolhas desagradáveis" vagamente ameaçadoras.
>
> Observe com cuidado o que acontece quando você "desbolha" experiências desagradáveis focalizando rigorosamente a atenção nelas — concentrando-se nos componentes isolados delas: sensações corporais, sentimentos e pensamentos.

Terceiro dia Experiência?	Sensações, com detalhes?	Disposições de ânimo ou sentimentos?	Pensamentos na ocasião?	Pensamentos agora?

Quarto dia Experiência?	Sensações, com detalhes?	Disposições de ânimo ou sentimentos?	Pensamentos na ocasião?	Pensamentos agora?

> Com frequência, são as histórias que contamos a nós mesmos a respeito das nossas experiências desagradáveis — os pensamentos que são desencadeados por elas — que criam e sustentam o sofrimento vivenciado. Por exemplo, podemos dizer a nós mesmos: "Eu não deveria estar me sentindo assim. Por que sou tão idiota e fraco?" Ou podemos perguntar: "E se isso continuar a acontecer?" E depois nos sentimos ainda pior.
>
> Veja se é possível notar as maneiras pelas quais o seu modo de pensar pode alimentar os ciclos viciosos que aumentam a infelicidade.

Quinto dia Experiência?	Sensações, com detalhes?	Disposições de ânimo ou sentimentos?	Pensamentos na ocasião?	Pensamentos agora?

Sexto dia Experiência?	Sensações, com detalhes?	Disposições de ânimo ou sentimentos?	Pensamentos na ocasião?	Pensamentos agora?

No final da semana, passe alguns momentos refletindo sobre a sua experiência com a Agenda de Experiências Desagradáveis. Registre aqui algo que você tenha aprendido ou notado *que valha a pena recordar.*

_____

_____

_____

_____

_____

_____

_____

_____

_____

Obrigado por conceder *à prática diária da terceira semana* os seus melhores esforços e intenções.

A Paz das Coisas Selvagens

Quando o desespero pelo mundo cresce em mim
e eu acordo à noite com o menor ruído
com medo de o que a minha vida e a dos meus filhos possa ser,
vou até onde o pato-carolino
repousa na sua beleza sobre a água e a grande garça se alimenta.
Entro na paz das coisas selvagens
que não sobrecarrega a sua vida premeditando
o pesar. Chego à presença da água tranquila.
E sinto acima de mim as estrelas ocultas durante o dia
esperando com a sua luz. Durante algum tempo
descanso na graça do mundo, e sou livre.

Wendell Berry

8

Quarta Semana: Reconhecendo a Aversão

Orientação

Podemos reagir a sentimentos desagradáveis e incômodos de muitas maneiras diferentes.

> **Jake:** "Notei hoje de manhã o começo de um sentimento de tristeza. Rangi os dentes e me obriguei a seguir em frente mesmo assim. Pude sentir todo o meu corpo se armando contra o sentimento". ☐

> **Rose:** "Quando fico ansiosa, imagino repetidamente possíveis desastres e dificuldades ("e se... e se... e se?), tentando encontrar maneiras de permanecer no controle". ☐

> **Vince:** "Ontem eu me dei conta de que em grande parte do tempo não quero sentir o que estou sentindo. Parece que eu mais ou menos me desligo". ☐

> **Maria:** "Quando começo a me sentir para baixo ou triste, a minha mente desencava coisas que aconteceram e que poderiam explicar por que estou me sentindo dessa maneira; eu acabo rememorando repetidamente o passado — o que eu fiz de errado? O que eu disse de errado? O que há de errado comigo para que eu me sinta assim?". ☐

> **Jean:** "O meu ônibus estava atrasado hoje. Fiquei realmente zangado com a empresa de ônibus por ela ser tão mal organizada — e depois fiquei zangado comigo mesmo por deixar que uma pequena coisa como essa me deixasse tão perturbado". ☐

> **Anne-Marie:** "Hoje à tarde o meu chefe criticou um relatório que eu tinha preparado. Fiquei realmente agitada; senti uma pressão tão grande para agir de <u>alguma forma</u> que mal me dei conta do que estava fazendo". ☐

Essas situações o levam a lembrar-se de alguma coisa? Reflita por alguns momentos sobre o que **você** faz quando as coisas dão errado e você enfrenta sentimentos desagradáveis ou difíceis. Você poderá achar proveitoso pensar no que você notou na Agenda de Experiências Desagradáveis da semana passada. Assinale qualquer um dos quadrados na página 119 que reflita a sua experiência.

Aparentemente, as reações de Jake, Rose, Maria, Vince, Anne-Marie e Jean podem parecer muito diferentes. Mas no fundo são todas acionadas pela mesma necessidade básica de evitar vivenciar sentimentos desagradáveis ou dolorosos.

Esse hábito profundamente arraigado, que todos compartilhamos, se chama **aversão**.

A *aversão* é o impulso de evitar, escapar, descartar, de nos
dessensibilizar ou destruir as coisas que
vivenciamos como desagradáveis.

É o poder por trás do fazer compulsivo que nos mantém emaranhados
em emoções negativas como a depressão,
a ansiedade, a raiva e o estresse.

Congelando a aversão

Se você investigar cuidadosamente como você se relaciona com as coisas desagradáveis, notará que existem dois passos cruciais:

Passo 1: surge um sentimento desagradável;
Passo 2: a sua mente reage ao sentimento desagradável tentando, de uma maneira ou de outra, evitar vivenciar o sentimento ou a coisa que causou o sentimento.

Esses dois passos ocorreram no caso de Jake, Rose, Maria, Vince, Anne-Marie e Jean da seguinte maneira:

	Passo 1	Passo 2
Jake	Sentimento de tristeza	Resistência
Rose	Sentimento de ansiedade	Preocupação
Maria	Sentimento de baixo-astral	Ruminação
Vince	A maioria dos sentimentos	Desligamento
Anne-Marie	Sentindo-se criticada	"Ter que fazer alguma coisa"
Jean	Sentimento de raiva	Autocrítica

Na maioria das vezes, os Passos 1 e 2 são reunidos: nós não os vemos como separados e diferentes; nós simplesmente nos sentimos mal.

Ao se familiarizar mais estreitamente com esse padrão 1-2, você pode dar um passo poderoso na direção de se libertar da dor emocional.

Por quê? Mesmo que você não possa fazer muita coisa em relação ao Passo 1 — o surgimento do sentimento desagradável —, com a atenção plena, você sempre pode fazer alguma coisa a respeito do Passo 2; **você pode desatarraxar a porca de segurança da aversão que o mantém preso a sentimentos que você não quer sentir.**

Um dos principais objetivos da prática desta semana é começar a desaprender o hábito de evitar as experiências desagradáveis e de se desligar delas. Você faz isso tornando-se um especialista na maneira como a aversão o afeta.

> Voltar-se deliberadamente para enfrentar, investigar e reconhecer os sentimentos desagradáveis — e as suas reações a eles — é uma afirmação poderosa de que você não *tem* que se livrar deles. Em vez disso, eles podem ser mantidos na consciência, vistos pelo que são e recebidos com uma *resposta consciente* em vez de com uma *reação automática*.

A aversão não é natural? Não faz sentido querermos descartar ou evitar coisas desagradáveis?

De fato, ela é muito natural. Na nossa evolução, quando as coisas perigosas que encontrávamos estavam no mundo exterior (tigres-dentes-de-sabre, inimigos humanos, incêndios na floresta etc.), a aversão literalmente salvava vidas. É por esse motivo que ela está intrinsecamente estruturada em nós.

O problema acontece quando as coisas difíceis e desagradáveis estão no mundo interior — quando os "inimigos" são os nossos pensamentos, sentimentos, emoções e um senso do eu opressivos e ameaçadores. Nenhum de nós é capaz de correr rápido o bastante para escapar dessas experiências interiores — e não podemos nos livrar delas combatendo-as ou tentando destruí-las.

Mas como a aversão à nossa experiência interior torna as coisas PIORES?

Em primeiro lugar, a aversão em si é desagradável. Ela foi planejada para ser assim — é por isso que queremos nos livrar da coisa que a está criando. Mas quando essa coisa é um sentimento desagradável, a aversão só faz aumentar o desprazer que está presente; nós nos sentimos pior, e não melhor.

Em segundo lugar, tentar nos livrar de pensamentos e sentimentos desagradáveis por meio da força de vontade nos mantém ainda mais firmemente presos a eles; quanto mais nós tentamos afastá-los, mais eles opõem resistência, e acabamos nos exaurindo e criando mais sentimentos desagradáveis.

> *Como eu reconheço a aversão?*

> A aversão assume diferentes formas de uma pessoa para outra. De um modo geral, ela envolve o seguinte: (1) Um sentimento global de "não querer" — não querer que as coisas sejam como elas são, não querer ter as experiências que estamos tendo, não querer ser a pessoa que pensamos que somos — de uma maneira ou de outra, nós sentimos que <u>precisamos</u> que as coisas sejam diferentes. Isso, em si, será desagradável. (2) Um padrão característico de sensações no corpo — frequentemente um sentimento de afastamento, contração, resistência, tensão, oposição ou intensidade. Algumas pessoas vivenciam tensão no rosto ou na testa. Outras sentem os ombros se retesar com resistência, ou uma sensação de contração ou intensidade no abdômen ou no peito. Elas podem cerrar o punho. Todas essas sensações são desagradáveis.

Na prática desta semana, você está convidado a dar seguimento à exploração do seu padrão de reações corporais a experiências desagradáveis que você começou com a Agenda de Experiências Desagradáveis na semana passada.

Encarando os pensamentos negativos com menos aversão

Quando desenvolvemos a MBCT, o nosso foco era ajudar as pessoas que tinham estado deprimidas no passado. Usamos o exercício que se segue, porque o questionário tinha sido desenvolvido tendo em mente a depressão. No entanto, ao ensinar a MBCT mais amplamente, descobrimos que quase todo mundo reconhece alguns desses pensamentos quando a vida fica opressiva. Vamos descrever o exercício como o fizemos originalmente. Se o seu principal problema não for a depressão, mesmo assim talvez você queira verificar o quanto ele é relevante para você.

Se você vivenciou uma depressão profunda no passado, pense em uma ocasião na qual você esteve extremamente deprimido. Na página oposta, você encontrará alguns pensamentos que podem ocorrer em ocasiões assim. Coloque um X na coluna A ao lado de cada pensamento que você tiver vivenciado quando estava deprimido.

LISTA DE CONTROLE DE PENSAMENTOS NEGATIVOS

	A	B	C
1. Eu me sinto como se o mundo inteiro estivesse contra mim.			
2. Eu não sirvo para nada.			
3. Por que eu nunca consigo ser bem-sucedido?			
4. Ninguém me entende.			
5. Já decepcionei algumas pessoas.			
6. Não creio que eu consiga continuar.			
7. Eu gostaria de ser uma pessoa melhor.			
8. Eu sou muito fraco.			
9. A minha vida não está acontecendo do jeito que eu queria.			
10. Estou muito desapontado comigo mesmo.			
11. Nada parece bom ultimamente.			
12. Não consigo aguentar mais isso.			
13. Não consigo começar.			
14. O que há de errado comigo?			
15. Eu gostaria de estar em outro lugar.			
16. Não consigo juntar as coisas.			
17. Eu me odeio.			
18. Sou imprestável.			
19. Eu gostaria de simplesmente poder desaparecer.			
20. Qual é o meu problema?			
21. Sou um perdedor.			
22. A minha vida é uma bagunça.			
23. Sou um fracasso.			
24. Nunca vou conseguir.			
25. Eu me sinto totalmente indefeso.			
26. Alguma coisa tem de mudar.			
27. Tem de haver algo errado comigo.			
28. O meu futuro é sombrio.			
29. Simplesmente não vale a pena.			
30. Não consigo terminar nada.			

Agora, volte e avalie o quanto você acreditava em cada um dos pensamentos com um X na coluna A **quando estava extremamente deprimido** — atribua uma nota na coluna B de 0 (você não acreditava nada nele) a 10 (você acreditava totalmente nele). Pode ser difícil se lembrar disso com clareza, mas faça o melhor que você puder.

Em seguida, pense em uma ocasião **na qual você não estava se sentindo nada deprimido** e avalie o quanto você acreditava em cada pensamento na ocasião atribuindo-lhe uma nota de 0 a 10 na coluna C.

Finalmente, dê uma olhada nas notas que você deu nas colunas B e C e, em seguida, anote brevemente o que você percebeu e quaisquer reflexões.

_____

_____

_____

_____

Eis alguns comentários de participantes de uma turma da MBCT para depressão:

> **Anya:** "Reconheci quase todos os pensamentos! Quando eu estava deprimida, eu acreditava completamente neles, mas agora praticamente não acredito em nenhum deles".

> **Carlos:** "Eu também! Quando eu estava realmente pra baixo, eu pensava: "É simplesmente assim que as coisas são". Agora eu pergunto a mim mesmo: "No que consistia tudo aquilo? Como eu pude ter acreditado em todas aquelas bobagens?"".

> **Tina:** "Por que ninguém me mostrou isso antes? Se os médicos conhecem isso, por que não me disseram nada? Isso teria demonstrado que eles compreendiam como eu me sentia. Eu achava que o problema era meu — eu estava cansada, as coisas estavam me deixando desanimada... Agora eu percebo que é a depressão. Se ao menos alguém tivesse me dito alguma coisa antes, teria me poupado de muita dor".

A partir da nossa experiência de usar este exercício com centenas de mulheres e homens que estiveram clinicamente deprimidos, duas coisas se destacam:

1. Quase todas as pessoas que estiveram deprimidas reconhecem ter tido alguns, ou até mesmo todos, os pensamentos negativos da lista.
2. A crença nos pensamentos muda radicalmente com a disposição de ânimo. Quando as pessoas estão deprimidas, elas acreditam inquestionavelmente nos pensamentos negativos, mas quando se sentem melhor, elas acreditam muito menos neles e, às vezes, não acreditam nada.

Você reconhece alguma coisa semelhante na sua própria experiência?

O fato de a maioria das pessoas que ficam clinicamente deprimidas terem pensamentos negativos muito semelhantes nos diz algo muito importante: **esses pensamentos são características do estado deprimido, não nossas.** Quando estamos "na fossa", esses pensamentos frequentemente parecem representar a verdade a nosso respeito. No entanto, na verdade, eles são sintomas da depressão — assim como a febre é um sintoma da gripe.

É por isso que a crença nesses pensamentos pode mudar tanto quando a disposição de ânimo se modifica. Como os pensamentos negativos são reflexos de um estado mental subjacente de depressão, ou de disposição de ânimo — e não reflexos precisos da verdade a nosso respeito —, a crença nos pensamentos se modifica quando o estado de espírito que deu origem a eles vai e volta.

Quando conseguimos ver os pensamentos e sentimentos negativos da depressão pelo que eles realmente são — sintomas em vez de "a maneira como eu sou" ou a verdade —, não precisamos levá-los tanto para o lado pessoal **e ficamos menos propensos a reagir com aversão.**

> E os outros estados mentais, como a ansiedade, a raiva ou o estresse?

> O que vale para a depressão também vale para eles. Imagine que você seja alguém que se preocupa com o que as pessoas pensam a seu respeito. Você precisa fazer uma importante apresentação para os seus colegas. Enquanto a data da apresentação ainda está distante, você pode não dar atenção aos pensamentos negativos a respeito da palestra. No entanto, à medida que a data se aproxima, você vai ficando cada vez mais ansioso, e as suas preocupações se tornam cada vez mais convincentes. No dia da apresentação, você fica absolutamente certo de que uma coisa horrível irá acontecer. Você dá a palestra, tudo corre bem, você relaxa, contempla as suas preocupações e prognósticos catastróficos e se pergunta: "Afinal, o que foi tudo isso?".

É bem provável que se concentrar em pensamentos negativos e nas ocasiões nas quais as coisas correram muito mal possa ter feito você se sentir pra baixo ou triste. Se isso for verdade, agora pode ser um bom momento para

Fazer um espaço de respiração.

Encarando os estados mentais negativos com menos aversão

Nós não reagimos com aversão e levamos para o lado pessoal apenas os pensamentos negativos.

Reagimos da mesma maneira aos estados mentais negativos que dão origem aos pensamentos.

Se você já esteve deprimido, alguma vez se culpou por sentir preguiça porque não tinha nenhuma energia? Ou quem sabe você se sentiu culpado e egoísta ao reparar que não estava mais interessado em arranjar tempo para estar com os amigos ou a família. Talvez você tenha se rotulado de tolo por não conseguir se concentrar ou porque parecia ter se tornado menos ativo.

E se esses não forem indícios de um fracasso ou uma inadequação pessoal?

E se eles forem, na verdade, sintomas da depressão?

No mundo inteiro, psiquiatras e psicólogos usam a presença de uma série de características básicas a fim de dar um diagnóstico da depressão. Entre essas características temos: estar cansado e apático, não ter mais interesse nos eventos e atividades que lhe davam prazer anteriormente, ter dificuldade em tomar decisões ou se concentrar (por exemplo, em tarefas no trabalho ou enquanto assiste à televisão em casa), tudo isso aliado a se sentir triste, inútil, autocrítico, irritável e com o pavio curto. Os médicos também procuram verificar se houve algum ganho ou uma perda de peso, mudanças no apetite, distúrbios no sono (dificuldade em pegar no sono, ou acordar cedo) e se o paciente se sente muito lento ou agitado durante grande parte do dia.

O fato de os médicos usarem esse conjunto de características para diagnosticar a depressão encerra uma mensagem extremamente importante: **significa que todos esses sentimentos e mudanças são sintomas comuns da depressão, e não indícios de fracasso e inadequação pessoais.**

Se conseguirmos ver os estados mentais negativos pelo que eles realmente são, poderemos levá-los menos para o lado pessoal, reagiremos com menos aversão e teremos a chance de agir de maneiras que possibilitarão que os estados mentais passem, em vez de nos aprisionarem de modo ainda mais profundo neles.

Como você reage a essas ideias? De que maneira elas poderiam ser relevantes para você? Elas parecem se encaixar na sua experiência? Talvez você queira fazer um comentário sobre os seus pensamentos:

_____
_____
_____
_____
_____
_____

Prática diária

Durante a quarta semana, pratique os seguintes exercícios **em seis dos próximos sete dias**:
1. Meditação na Posição Sentada (ou Meditação na Posição Sentada nos dias 1, 3 e 5 e Caminhar Consciente ou Movimento Consciente nos dias 2, 4 e 6)
2. Espaço de Respiração de 3 Minutos — Regular
3. Espaços de Respiração Adicionais (Sempre que Necessário)
4. Caminhar Consciente

1. Meditação na posição sentada: atenção plena da respiração, do corpo, dos sons, dos pensamentos e percepção indiferenciada

Em cada dia desta semana, pratique a meditação na posição sentada guiada da faixa 11 do áudio (*Meditação na Posição Sentada*); de acordo com as instruções a seguir:

MEDITAÇÃO NA POSIÇÃO SENTADA: ATENÇÃO PLENA DA RESPIRAÇÃO, DO CORPO, DOS SONS, DOS PENSAMENTOS E PERCEPÇÃO INDIFERENCIADA

1. Pratique a atenção plena da respiração e do corpo como descrita antes (páginas 100-101), até se sentir razoavelmente acomodado.
2. Deixe que o foco da sua atenção se desloque das sensações no seu corpo para a **audição**. Leve a atenção para os ouvidos e depois deixe que a percepção se abra e se expanda a fim de que haja uma receptividade aos sons quando eles surgirem, sempre que surgirem.
3. Não há necessidade de buscar sons ou prestar atenção a sons particulares. Em vez disso, da melhor maneira possível, sem fazer esforço, apenas abra a sua percepção para que ela fique receptiva aos sons vindos de todas as direções quando eles surgirem — sons próximos, distantes, sons que estão na sua frente, atrás de você, do lado, em cima ou embaixo. Abra-se a todo um espaço de som à sua volta. Conscientize-se de sons óbvios e de sons mais sutis, do espaço entre os sons, conscientize-se do silêncio.
4. Da melhor maneira possível, sem esforço, conscientize-se dos sons apenas como sensações. Quando você constatar que está pensando *a respeito* dos sons, reconecte-se, da melhor forma, com a percepção direta das qualidades sensoriais deles (padrões de altura, timbre, intensidade e duração), e não com o significado ou as implicações deles.
5. Sempre ao notar que a sua atenção não está mais concentrada nos sons no momento, reconheça delicadamente para onde a sua mente se deslocou e depois volte a ajustar de modo suave a atenção a fim de que ela focalize os sons à medida que eles surgirem e passarem de um momento a outro.
6. A atenção plena do som pode ser, por si só, uma prática muito valiosa, uma maneira de expandir a consciência e conferir a ela uma qualidade mais aberta e espaçosa, quer ou não

a prática seja precedida pela percepção das sensações do corpo ou seguida, como aqui, pela percepção dos pensamentos.

7. Quando estiver pronto, abandone a percepção dos sons e atribua um novo foco à sua atenção, a fim de que seus objetos sejam agora eventos na mente. Você concentrou a atenção em quaisquer sons que surgissem, notando quando eles surgiam, se desenvolviam e se extinguiam; agora, da melhor maneira que você puder, sem esforço, leve a atenção, da mesma maneira, para os pensamentos que surgem na sua mente — reparando quando os pensamentos surgem, concentrando a atenção neles quando eles atravessam o espaço da sua mente e, com o tempo, desaparecem. Não há necessidade de tentar fazer os pensamentos virem ou irem embora. Deixe simplesmente que eles surjam de forma natural, do mesmo modo como você se relacionou com os sons que surgiam e iam embora.

8. Algumas pessoas consideram proveitoso levar a atenção para os pensamentos na mente da mesma maneira que fariam se os pensamentos fossem projetados em uma tela de cinema. Você se senta, olhando para a tela, esperando o surgimento de um pensamento ou uma imagem. Quando isso acontece, você presta atenção ao pensamento enquanto ele está ali "na tela", e depois o abandona quando ele vai embora. Alternativamente, você poderia achar proveitoso ver os pensamentos como nuvens ou pássaros se movendo pelo céu vasto e espaçoso ou como folhas que se deslocam em um riacho, levadas pela correnteza.

9. Se quaisquer pensamentos forem acompanhados por sentimentos ou emoções intensos, agradáveis ou desagradáveis, registre da melhor maneira, sem se esforçar, a "carga emocional" e a intensidade deles e deixe simplesmente que eles sejam como já são.

10. Se, em qualquer momento, você sentir que a sua mente perdeu o foco e ficou dispersa, ou que ela é repetidamente arrastada para o drama dos seus pensamentos e da sua imaginação, talvez seja interessante você reparar de que modo isso está afetando o seu corpo. Não raro, quando não gostamos do que está acontecendo, temos uma sensação de contração ou rigidez no rosto, nos ombros ou no tronco, bem como a sensação de querer "afastar" os nossos pensamentos e sentimentos. Verifique se você nota alguma dessas coisas acontecendo quando surgem alguns sentimentos intensos. Depois, uma vez que você tenha notado isso, veja se é possível retornar à respiração e à uma sensação do seu corpo como um todo, sentado e respirando, e use esse foco para fixar e estabilizar a sua atenção.

11. Em determinado ponto, talvez você queira explorar a possibilidade de abandonar qualquer objeto particular de atenção, como a respiração, os sons ou pensamentos, e deixar o campo da consciência ficar aberto ao que quer que surja na paisagem da sua mente, do seu corpo e do mundo. Isso, às vezes, é chamado de "percepção indiferenciada". Verifique se é possível apenas repousar na própria consciência, conhecendo, sem esforço, o que quer que surja de momento a momento. Isso poderá incluir a respiração, sensações do corpo, sons, pensamentos ou sentimentos. Apenas fique sentado, completamente desperto, sem se deter em nada, sem procurar por nada, sem ter outra coisa em mente além de uma vigilância incorporada.

12. Quando estiver pronto para encerrar a meditação, você poderá, talvez, retornar por alguns minutos à simples prática da atenção consciente da respiração.

Cada vez que você começar essa prática, lembre a si mesmo de **prestar atenção nas experiências de aversão:**

- Aproxime-se de quaisquer sentimentos, sensações ou pensamentos inquietantes ou desagradáveis e repare como você está reagindo a eles, **especialmente no corpo.**
- Veja se você pode, pouco a pouco, vir a reconhecer os efeitos da aversão. Qual é a sensação da aversão? Onde e como você a sente no corpo? Que efeito ela tem nos seus pensamentos?
- Qual é a "marca registrada da sua aversão" (o padrão característico das sensações do corpo por meio dos quais você reconhece que a aversão está presente?
- À medida que você passar a conhecer a aversão, verifique se é proveitoso dizer efetivamente para si mesmo "Aqui está a aversão" sempre que você notar que ela está surgindo.
- Anote, dia a dia, as suas observações nos espaços fornecidos.

Primeiro dia: quando você se deparou com pensamentos, sentimentos ou sensações desagradáveis, em que parte do corpo as sensações eram mais intensas?

_____
_____
_____
_____
_____

O que mais você notou durante a meditação?

_____
_____
_____
_____
_____
_____

> Quando eu estava preocupado, eu podia sentir o meu corpo inteiro ficar tenso, em especial o rosto e os ombros.

> Excelente observação! Continue a investigar em que partes o corpo reage com mais intensidade. Pode ser sempre no mesmo lugar, ou pode ser em lugares diferentes. O ato de investigar com atenção consciente e interessada já promove a cura.

A experiência investigativa nesse caso significa levar uma atenção interessada e delicada *para* a própria experiência, em vez de pensar analiticamente *a respeito* da experiência.

A investigação faz revelações e cura.

Segundo dia: que diferenças de percepção você notou quando se concentrou na respiração e quanto focalizou o som?

_____
_____
_____
_____
_____

Também notei o seguinte:

_____
_____
_____
_____

> Adorei a sensação de amplitude e abertura com o som!

> De fato, você pode ter a impressão de que está abrindo todas as portas e janelas da mente! Você está aprendendo a ter um foco estreito (respiração) e um foco amplo (som/percepção indiferenciada). Ambos são muito úteis. E saber como e quanto se deslocar de um para o outro também.

ATENÇÃO CONCENTRADA E ATENÇÃO AMPLA

A meditação desta semana começa com a CONCENTRAÇÃO da atenção na respiração. Em seguida, a atenção SE EXPANDE — para uma sensação mais ampla do corpo inteiro, depois para os sons e o espaço ao seu redor e, finalmente, para a percepção indiferenciada AMPLA.

Tanto a atenção concentrada quanto a atenção ampla são inestimáveis no trabalho com a aversão:

A *atenção concentrada* estabiliza e agrega a mente, ajudando você a **permanecer presente** em face de experiências desagradáveis ou inquietantes. Ela o ajuda a **se reconectar com o aqui e o agora** quando as reações automáticas da mente o estão levando para o passado, para o futuro ou incitando-o a se desligar em um estado de desatenção.

A *atenção ampla* o ajuda a se conscientizar da visão mais abrangente — não apenas da experiência desagradável propriamente dita, mas também de **como você está se relacionando** com a experiência. Ela possibilita que você verifique se existe alguma aversão por perto.

A atenção ampla se opõe delicadamente aos efeitos da aversão, efeitos de **contração** no corpo e na mente, criando uma sensação de **expansão e inclusão**.

Ela também possibilita um **ponto de vista mais equilibrado**. Na aversão, a atenção se estreita a fim de focalizar apenas o que é desagradável — e isso pode dar a impressão de que *todas* as experiências são problemáticas. Ampliar o foco de maneira a incluir também outras partes do corpo, ou outros aspectos da experiência, possibilita que o que é problemático seja mantido com o que é aceitável, quando então podemos ver que nem tudo é um problema!

Terceiro dia: o que acontece quando você resiste aos sentimentos desagradáveis? Você tem uma sensação agradável ou desagradável?

_____
_____
_____
_____

Também notei o seguinte:

_____
_____
_____

> Estou intrigada. Quando eu me preocupo ou fico ruminando o fato de me sentir triste, eu me concentro nas minhas emoções, mas ruminação, etc., são consideradas formas de aversão, o que envolve o desejo de evitar vivenciar sentimentos desagradáveis. Você pode esclarecer isso?

> Quando ruminamos ou ficamos preocupados, pensamos em emoções dolorosas — e SEM senti-las diretamente. A ruminação e a preocupação são maneiras sutis de evitar vivenciar a plena intensidade dos sentimentos desagradáveis e dolorosos. E o pensamento envolve descobrir maneiras de nos livrarmos das emoções indesejadas ou reduzir qualquer ameaça.

Quarto dia: como você reagiu a quaisquer sensações de desconforto físico?

_____
_____
_____
_____
_____

O que mais você notou nessa meditação?

_____
_____
_____
_____

> Descobri que, quando medito por um longo tempo, as minhas pernas ficam dormentes e sinto dor nas costas. Não quero me mexer, mas às vezes fica muito dolorido não o fazê-lo.

> Talvez seja interessante você tentar, de uma maneira deliberada e muito delicada, concentrar a sua percepção na parte do corpo em que a experiência de desconforto é mais intensa, levando a atenção para as sensações desse lugar. Continue a explorar as sensações, sabendo que tudo bem levar a atenção de volta para a respiração, ou se mexer cuidadosamente a qualquer momento.

PRATICANDO COM SENSAÇÕES INTENSAS DE DESCONFORTO FÍSICO

O desconforto **físico** oferece uma maravilhosa oportunidade para que você aprenda a se relacionar mais habilmente com **todos** os tipos de experiência indesejada, inclusive o desconforto **emocional**. Essas habilidades evitarão que você fique aprisionado na depressão, na ansiedade e no estresse.

Quando você se conscientizar do desconforto físico, verifique se é possível levar a atenção de modo intencional **exatamente para** a parte do corpo em que a experiência de desconforto é mais intensa. Depois de fazer isso, explore com atenção **suave** e interessada o padrão detalhado das sensações:

De modo preciso, o que você sente com as sensações? O que elas são exatamente? Elas variam com o tempo? Variam de uma parte da região de intensidade para outra? A ideia não é tanto pensar a respeito das sensações, mas senti-las e vivenciá-las diretamente. Você pode usar a respiração para conduzir a atenção a essas regiões de intensidade, "respirando nelas", exatamente como no body scan.

Ao deslocar de forma deliberada a atenção na **direção exata** da região de intensidade, você reverte a tendência automática da aversão de **se afastar** e **evitar experiências desagradáveis**. Você também dá a si mesmo a chance de enxergar mais claramente a própria aversão. Você pode até mesmo começar a ver as dores no corpo pelo que elas são — não como "grandes coisas ruins" das quais temos de nos livrar ou nos afastar a todo custo, e sim como padrões de sensações físicas que constantemente mudam e se movem, que podem ser mantidos na consciência e conhecidos.

Quinto dia: quando você se conscientizou da aversão, como reagiu a ela?

_____
_____
_____
_____
_____

Alguma outra coisa o impressionou?

_____
_____
_____
_____

> Tentei interromper o sentimento de "não querer" e me afastar, mas não funcionou; na verdade, isso pareceu apenas piorar as coisas.

> Você notou algo muito importante. Uma vez que vemos os problemas que a aversão pode criar, é natural tentar nos livrarmos dela, mas isso significa acumular ainda mais aversão. A melhor maneira de reagir a ela é reconhecê-la pelo que ela é (talvez dizendo "aversão" para si mesmo), tratá-la com respeito e deixá-la permanecer até que ela desapareça no próprio tempo dela e continuando a explorar como ela afeta o seu corpo, com uma atenção extremamente delicada e suave.

A reação habilidosa à aversão é (1) reconhecê-la pelo que ela é, (2) designá-la ("aversão!), (3) tratá-la com respeito, permitindo de bom grado que ela fique até desaparecer, enquanto (4) você continua a explorar, com uma atenção delicada e suave, como ela afeta o seu corpo.

Sexto dia: preste atenção a como a aversão geralmente afeta o seu corpo — talvez franzindo as sobrancelhas, sentindo um aperto no peito ou no estômago, uma tensão nos ombros. Essa é a sua "marca registrada da aversão" — anote-a no quadro que se segue.

A Minha Marca Registrada da Aversão é:
_____
_____

O que mais você notou?
_____
_____
_____

> Varia um pouco, mas na maioria das vezes eu sinto a aversão como uma contração na testa e uma tensão nos ombros. Além disso, eu cerro o punho.

> Perceber tudo isso é bastante proveitoso. Você pode agora usar esse padrão de sensações corporais como um sinal para adverti-lo de que você está reagindo com aversão — vamos falar mais sobre o que é possível fazer na próxima semana.

2. Espaço de Respiração de 3 Minutos — Regular

Em todos os dias desta semana, faça um espaço de respiração de 3 minutos três vezes por dia, nos horários que você escolheu de antemão, exatamente como você fez na semana anterior.

Guie a si mesmo nesses espaços de respiração sem a ajuda da faixa de áudio. Naturalmente, você pode usar o áudio ou as instruções da página 110 quando precisar, se você achar que isso será útil para refrescar a sua memória.

Mantenha um registro da prática diária desses espaços de respiração **R**EGULARES, circulando um R a seguir no final do dia para cada um que você fizer (você pode marcá-los na hora em que os estiver fazendo no seu celular ou em uma folha de papel ou cartão):

Primeiro dia: **R R R**   Segundo dia: **R R R**   Terceiro dia: **R R R**
Quarto dia: **R R R**   Quinto dia: **R R R**   Sexto dia: **R R R**

3. Espaços de respiração adicionais

Em todos os dias desta semana, além do Espaço de Respiração que você planejou, faça espaços de respiração adicionais *sempre que, na vida do dia a dia, você notar sentimentos desagradáveis ou uma sensação de aperto ou retraimento no corpo, de opressão ou de instabilidade.*

Espaços de Respiração Adicionais na Vida do Dia a Dia

Ao usar espaços de respiração na vida do dia a dia, você reconhece que existe uma forte emoção por perto e leva alguns momentos para direcionar a atenção até ela (como pensamentos, sentimentos e sensações corporais), apenas deixando que ela fique presente sem julgá-la, sem tentar expulsá-la ou resolver qualquer problema (Passo 1).

Em seguida, você "faz contato", onde quer que você esteja, voltando à âncora da respiração (Passo 2) e à amplitude assentada de consciência do seu corpo como um todo (Passo 3). Dessa maneira, você passa a marcha mental de maneira a levar uma mente mais equilibrada e responsiva para os próximos momentos do seu dia.

Fazer um espaço de respiração não significa necessariamente que os sentimentos desagradáveis deixarão de estar presentes — a questão é que a sua mente está agora em posição de **responder** a eles de uma maneira atenta, em vez de **reagir** a eles automaticamente com aversão.

Sempre que possível, faça a prática completa de 3 minutos. Nas situações em que isso não for prático, veja como você pode ser criativo adaptando o espaço de respiração à situação — em um momento de grande atividade, você poderá levar apenas momentaneamente a atenção ao que está acontecendo na sua mente e no seu corpo, fazer contato com a respiração e depois sentir o seu corpo como um todo.

O fundamental é adquirir o hábito de *responder* às situações desagradáveis e difíceis saindo de modo intencional do piloto automático, em vez de reagir automaticamente com aversão.

O espaço de respiração se tornará a pedra angular do programa da MBCT.

A pedra angular de todo o programa da MBCT é aprender a responder a experiências desagradáveis e difíceis fazendo de modo intencional, como um primeiro passo, um espaço de respiração, em vez de reagir automaticamente com aversão.

Mantenha um registro da prática diária desses espaços de respiração adicionais em uma folha de papel ou cartão que você carrega com você ou no seu celular. Depois, no fim do dia, faça um círculo em volta de um X aqui para cada vez que você fizer um espaço de respiração adicional:

Primeiro dia: **X X X X X**   Segundo dia: **X X X X X**   Terceiro dia: **X X X X X**
Quarto dia: **X X X X X**   Quinto dia: **X X X X X**   Sexto dia: **X X X X X**

Para os seus registros, talvez você queira descrever aqui, detalhadamente, uma das suas experiências ao usar um espaço de respiração adicional quando uma situação o exigiu:

_____
_____
_____
_____
_____
_____
_____
_____
_____

> **Louis:** "Hoje eu tinha que dar um telefonema difícil, e normalmente isso ficaria dando voltas na minha cabeça. Dei o telefonema e fui capaz de lidar com ele. De modo geral, depois de uma conversa desse tipo, eu ficaria preocupado com ela durante séculos. Desta vez, o que aconteceu foi maravilhoso. Parei de pensar no assunto. A conversa não ficou se repetindo na minha cabeça. Usar o espaço de respiração foi incrível para mim. Ele pareceu retirar imediatamente de mim a preocupação que teria ficado se revolvendo na minha mente a tarde inteira".

O espaço de respiração lhe oferecerá uma oportunidade depois da outra de se familiarizar com a aversão na vida do dia a dia e de responder sensatamente a ela.

Como podemos ajudar a nós mesmos a lembrar a maneira como a aversão torna as experiências desagradáveis ainda piores?

Muitas pessoas consideram a imagem das duas flechas, que vem sendo usada há mais de 2.500 anos, um proveitoso lembrete.

As Duas Flechas

Se fôssemos atingidos por uma flecha, todos sentiríamos dor física e desconforto.

No entanto, para a maioria de nós é como se, depois dessa primeira flecha, fôssemos então atingidos por uma segunda flecha — a aversão, o sofrimento que surge das reações de raiva, medo, aflição ou angústia que adicionamos à dor e ao desconforto da primeira flecha.

Com muita frequência, é essa segunda flecha que nos causa a maior infelicidade. A mensagem crucial desta imagem é que podemos aprender a nos libertar do sofrimento da segunda flecha.

Por quê? Porque nós a atiramos em nós mesmos!

---

4. Caminhar consciente

A aversão é uma poderosa influência, que o impede de estar plenamente presente em cada momento.

Estabelecer uma presença consciente no corpo de momento a momento — estando completamente aqui, agora — é uma das maneiras mais poderosas de proteger a mente dos perigos da aversão.

Uma mente calma, serena e firme é menos propensa a ser envolvida pelo tumulto da aversão.

Com a mente assentada no corpo, os "pés firmemente apoiados no chão", você tem alguma coisa da força, da estabilidade e da dignidade de uma montanha capaz de suportar imperturbável fenômenos meteorológicos extremos.

Você provavelmente passa algum tempo todos os dias caminhando, mesmo que seja apenas do estacionamento ou ponto de ônibus até o seu local de trabalho ou de um lugar para outro no trabalho ou em casa. Essas ocasiões propiciam preciosas oportunidades de usar o corpo para se conectar com uma presença consciente. De qualquer jeito, você está andando – você consegue fazer isso atentamente?

Você pode começar a sua prática do caminhar consciente na vida do dia a dia com a prática formal da meditação andando. As instruções estão na faixa 7 do áudio (*Caminhar Consciente*) e estão resumidas a seguir:

> ### CAMINHAR CONSCIENTE
>
> 1. Escolha um lugar em que você possa andar de um lado para o outro sem se preocupar com a possibilidade de alguém vê-lo. Pode ser em local externo ou interno – e a extensão do percurso pode variar: talvez entre cinco e dez passos.
> 2. Fique de pé em uma das extremidades do percurso, com os pés paralelos, afastados de 10 a 15 centímetros, e os joelhos destravados, para que você possa flexioná-los suavemente. Deixe os braços penderem frouxos ao lado do corpo ou junte as mãos, sem apertá-las, na frente do corpo. Olhe, com suavidade, diretamente à frente.
> 3. Leve o foco da atenção para a sola dos pés, obtendo uma sensibilidade direta das sensações físicas do contato dos seus pés com o chão e do peso do seu corpo transmitido por meio das suas pernas e pés para o chão. Você poderá considerar proveitoso flexionar algumas vezes, ligeiramente, os joelhos a fim de obter uma impressão mais clara das sensações nos pés e nas pernas.
> 4. Quando estiver pronto, transfira o peso do corpo para a perna direita, reparando no padrão de sensações físicas que se modifica nas pernas e nos pés enquanto a perna esquerda "se esvazia" e a perna direita assume o apoio do restante do corpo.
> 5. Com a perna esquerda "vazia", deixe que o calcanhar esquerdo se erga lentamente do chão, observando as sensações dos músculos da panturrilha enquanto faz isso, e prossiga, deixando que todo o pé esquerdo se levante delicadamente até que apenas os dedos permaneçam em contato com o chão. Consciente das sensações físicas nos pés e nas pernas, eleve lentamente o pé esquerdo, leve-o cuidadosamente à frente, sentindo o pé e a perna enquanto eles se deslocam através do ar, e coloque o calcanhar no chão. Deixe que o resto da sola do pé esquerdo entre em contato com o chão enquanto você transfere o peso do corpo para a perna e o pé esquerdos, consciente das crescentes sensações físicas na perna e no pé esquerdos, do "esvaziamento" da perna direita e do calcanhar direito se afastando do chão.
> 6. Com o peso completamente transferido para a perna esquerda, deixe que o resto do pé direito se eleve, e leve-o lentamente à frente, consciente dos padrões de sensações físicas que se modificam no pé e na perna enquanto faz isso. Focalizando a atenção no calcanhar direito enquanto ele faz contato com o chão, transfira o peso do corpo para o pé direito enquanto

o coloca delicadamente no chão, consciente do padrão de sensações físicas que se modifica nas pernas e nos pés.

7. Dessa maneira, desloque-se lentamente de uma extremidade do seu percurso para a outra, consciente particularmente das sensações na sola dos pés e na base dos calcanhares quando eles entram em contato com o chão e das sensações nos músculos das suas pernas enquanto elas se movem para a frente.
8. No final da sua marcha, pare durante alguns instantes e, em seguida, dê meia-volta, lentamente, consciente do complexo padrão de movimento por meio do qual o corpo muda de direção; reconheça-o e reinicie a marcha.
9. Caminhe de um lado para o outro, dessa maneira, conscientizando-se, o mais possível, das sensações físicas nos pés e nas pernas, bem como do contato dos seus pés com o chão. Mantenha o olhar voltado suavemente para a frente.
10. Quando notar que a sua mente deixou de ficar atenta às sensações do andar, conduza delicadamente o foco da atenção de volta às sensações nos pés e nas pernas, usando as sensações quando os seus pés entrarem em contato com o chão, em particular, como uma "âncora" para se reconectar com o momento presente, exatamente como você usou a respiração na meditação na posição sentada. Se você descobrir que a sua mente divagou, talvez seja interessante ficar parado durante alguns momentos, concentrando o foco da atenção antes de começar a andar de novo.
11. Continue a caminhar durante 10 a 15 minutos, ou por mais tempo, se desejar.
12. Para começar, caminhe em um ritmo mais lento do que o de costume, no intuito de dar a si mesmo a chance de permanecer completamente consciente das sensações de andar. Uma vez que você se sinta à vontade caminhando de modo lento com consciência, você pode experimentar andar em velocidades mais rápidas, até a velocidade normal de caminhar e além dela. Se você estiver particularmente agitado, pode ser proveitoso começar a andar rápido, de modo atento, e depois reduzir naturalmente a velocidade à medida que você for se acalmando.
13. Sempre que possível, leve o mesmo tipo de percepção consciente que você cultiva na meditação andando para as suas experiências normais de caminhar do dia a dia.

Não é necessário realizar essa prática formal todos os dias nesta semana (embora você possa ficar à vontade para fazer isso, se desejar). Basta praticar com uma frequência que lhe possibilite se sintonizar com o simples poder de permanecer atentamente presente no seu corpo enquanto caminha.

Você pode então se reconectar com o mesmo sentimento de presença atenta sempre que se lembrar de fazê-lo, quando você andar de um lugar a outro ao longo da sua vida diária nesta semana. Muitas pessoas passam a adorar essa prática.

> **Suzanne:** "Eu gosto da meditação andando, porque posso ficar consciente dela quando saio do trabalho. Tenho que ir buscar as crianças e, às vezes, quando estou caminhando pela rua da escola, me dou conta de que estou pisando duro e marchando porque estou com pressa e ficando um pouco estressada.
>
> Agora, eu às vezes me conscientizo do que estou fazendo e caminho mais devagar, respirando com os meus passos. Desse modo, quando me aproximo das crianças, que estão me esperando na porta da escola, sinto que estou serena.
>
> Quando eu diminuo o ritmo, tudo o mais se desacelera, e eu me conscientizo mais do que está acontecendo. Eu poderia levar apenas 10 segundos para chegar à porta da escola, e agora levo 30 ou 40 segundos, o que realmente vale a pena.
>
> Não importa se eu estou alguns segundos atrasada. Quando você se conscientiza do tempo, acho que 1 minuto pode ser um intervalo muito longo quando você quer que ele seja assim".

Na meditação andando, você caminha sabendo que está andando, sentindo o caminhar, e fica plenamente presente em cada passo, caminha pelo prazer de caminhar, sem nenhum destino. O foco está em manter a consciência, de momento a momento, das sensações que acompanham os seus movimentos e abandonando quaisquer pensamentos ou sentimentos a respeito das sensações propriamente ditas.

Nós lhe desejamos sucesso com a sua prática na quarta semana.

Gansos Selvagens

Você não precisa ser bom.
Você não precisa andar de joelhos
ao longo de uma enormidade de quilômetros pelo deserto, como
prova do seu arrependimento.
Você só precisa deixar o animal suave do seu corpo
amar o que ele ama.
Fale-me a respeito do desespero, o seu, e eu lhe falarei do meu.
Neste ínterim, o mundo continua.
Neste ínterim, o sol e os límpidos grânulos da chuva
estão se movendo pelas paisagens,
ao longo das pradarias e das árvores profundas,
das montanhas e dos rios.
Neste ínterim, os gansos selvagens, bem alto, no límpido céu azul,
estão novamente voltando para casa.
Quem quer que você seja, não importa quão solitário,
o mundo se oferece à sua imaginação,
saúda-o como os gansos selvagens, pungentes e estimulantes —
anunciando repetidamente o seu lugar
na família das coisas.

Mary Oliver

9

Quinta Semana:
Deixe as Coisas Serem Como Elas Já São

Orientação

Os sentimentos desagradáveis são uma parte integrante da vida. Por si mesmos, eles podem ser bastante desafiadores. O fato de esses sentimentos nos causarem ou não problemas adicionais depende muito da maneira como reagimos a eles.

Se reagirmos aos sentimentos desagradáveis com aversão, é extremamente provável que eles fiquem mais intensos — e logo estaremos, uma vez mais, imobilizados na infelicidade, no estresse e na depressão.

O programa da MBCT nos convida a explorar outra possibilidade — descobrir que com a percepção consciente existe uma maneira diferente, mais habilidosa, de reagir ao que é difícil e desagradável na vida —, uma maneira que efetivamente oferece um caminho para uma liberdade maior.

> ### ESPERANDO NA FILA
>
> Yoshi tinha acabado de escolher as suas compras da semana no supermercado e examinou as longas filas nos caixas. Ele costumava ser muito hábil em descobrir qual a fila mais rápida. Hoje, ele escolheu uma fila que parecia mais longa do que outras, mas na qual todas as pessoas tinham poucas mercadorias nos carrinhos. Ele sorriu diante da escolha inteligente.
>
> Os dois primeiros clientes pagaram as compras e foram logo embora, e agora havia apenas mais dois na sua frente. O primeiro cliente, uma mulher, mudou de ideia a respeito de um dos produtos que estava comprando e pediu ao caixa que substituísse a mercadoria. O caixa desapareceu por alguns minutos até finalmente regressar com o produto correto. Yoshi pôde sentir que estava começando a ficar irritado.
>
> O cliente seguinte decidiu conversar longamente com o caixa sobre o jogo da véspera. A essa altura, Yoshi notou que estava ficando bastante frustrado e zangado.
>
> Por fim, a conversa acabou e chegou a vez de Yoshi. O caixa olhou para ele, sorriu e desapareceu, depois de dizer rapidamente: "Sinto muito, hora do lanche — um colega logo estará aqui". Yoshi sentiu um ímpeto de fúria impotente e, enquanto esperava, ensaiou com uma raiva crescente o discurso de protesto e reclamações que iria fazer na gerência.
>
> Enquanto isso, ele se conscientizou de uma vaga sensação de tensão e mal-estar no corpo, suficiente para fazer com que ele se lembrasse de uma ideia da qual tomara conhecimento pouco tempo antes nas suas aulas de atenção plena — a marca registrada da aversão. Ele examinou rapidamente o seu corpo e notou uma grande tensão no tronco, uma dolorosa intensidade no centro do peito. Yoshi levou a consciência diretamente para lá, estabelecendo um contato direto com a ardente intensidade das sensações do corpo e a sensação de resistência a elas; ele inspirou sobre elas e soltou o ar a partir delas.
>
> Para espanto de Yoshi, a intensidade, a raiva e a frustração desapareceram em um instante — sem mais nem menos. Sem palavras, Yoshi apenas sorriu para o novo caixa, desta vez uma moça, quando ela se sentou na frente da caixa registradora e começou a cobrar as compras dele.

Quando Yoshi deliberadamente se voltou **na direção** das emoções dolorosas e da aversão, quando as vivenciou **no corpo**, elas desapareceram, quase milagrosamente.

Como podemos entender o que aconteceu aqui? Não é difícil ver que a situação desencadeou sentimentos de frustração. A aversão a esses sentimentos assumiu então o controle e prendeu a mente/o corpo de Yoshi em um ciclo de *feedback*: frustração → raiva → aversão → raiva → aversão, e assim por diante.

Eram esses ciclos radicados na aversão e na **evitação** que estavam sustentando a raiva. No seu gesto simples, porém fundamental, de **abordagem** — voltar-se conscientemente para os sentimentos no seu corpo —, Yoshi, de um só golpe, parou de alimentar esses ciclos que se autoperpetuam. O resultado foi uma paz instantânea.

Essas experiências reforçam de modo poderoso a mensagem fundamental da MBCT: é o *nosso relacionamento* com o que é difícil e desagradável que nos mantém emperrados no sofrimento — e **não os sentimentos e as sensações desagradáveis propriamente ditos**.

No entanto, mudanças tão drásticas quanto a de Yoshi nem sempre acontecem. Mais frequentemente, o simples fato de nos voltarmos na direção da dificuldade pode enfraquecer a aversão, porém isso ainda nos deixa vivenciando alguns sentimentos desagradáveis, aos quais podemos reagir com mais aversão.

Então, o que fazer?

É aqui que aprendemos a aceitar as coisas e a não interferir.

Aceitar e não interferir

Aceitar sentimentos, pensamentos, sensações e experiências interiores difíceis significa que deixamos voluntariamente que eles permaneçam na consciência, sem exigir que se modifiquem ou sejam diferentes do que eles são. Em vez de travar uma discussão com a vida, nós deixamos que a nossa experiência seja exatamente como ela já é.

> Então, isso é exatamente a mesma coisa que resignação?

> Decididamente não! Na resignação, nós não desejamos ter a experiência que estamos tendo, mas nos sentimos impotentes para fazer alguma coisa a respeito — tudo o que podemos fazer é suportá-la passivamente. Aceitar/não interferir envolve um gesto ativo, voluntário de aceitação e abertura para a experiência. Isso requer empenho e energia conscientes. Ao aceitar/não interferir nós <u>escolhemos</u> como reagir, em vez de permitir que sejamos vítimas da reação automática habitual de aversão.

=====

Manter uma coisa suavemente na consciência é uma afirmação de que podemos nos defrontar com ela, dar um nome a ela e trabalhar com ela.

=====

Aceitar e não interferir não é algo com o que a maioria das pessoas esteja acostumada. Tampouco é fácil transmitir o espírito completo dessa mudança radical no nosso relacionamento com experiências difíceis.

O poema "A Casa de Hóspedes", de autoria do poeta Rumi, que viveu no século XIII, comunica vigorosamente a mudança radical de atitude que nos é solicitada.

A Casa de Hóspedes

Ser humano é uma casa de hóspedes.
Cada manhã, um novo recém-chegado.

Uma alegria, uma depressão, uma sordidez,
alguma conscientização momentânea chega
como um visitante inesperado.

Acolhe prazerosamente e distrai todos eles!
Mesmo que seja uma multidão de aflições,
que arranquem violentamente
toda a mobília da tua casa.

ainda assim, trata cada hóspede de uma maneira honrada.
Ele pode estar removendo tudo o que é teu
para dar lugar a um novo gáudio.

O pensamento sombrio, a vergonha, a maldade,
encontra-os na porta sorrindo,
e convida-os a entrar.

Sê grato por quem quer que venha,
porque cada um foi enviado
como um guia do outro mundo.

O que o impressionou mais nesse poema? Leia-o até o fim e sublinhe quaisquer palavras ou versos que tenham atraído de modo particular a sua atenção. Anote brevemente os seus comentários ou reflexões aqui:

_____
_____
_____
_____
_____
_____
_____

> Isto é completamente irrealista! Eu não consigo fazer isso.

> O poema defende uma ideia expressando a atitude de aceitação prazerosa com dramática intensidade — mas realmente é possível, para qualquer um de nós, começar a praticar e cultivar um novo relacionamento com as experiências difíceis. Você pode verificar isso começando agora com as práticas desta semana.

> Como podem esperar que eu goste da depressão, da vergonha ou da sordidez?

> É interessante esclarecer bem esse ponto. Nós não temos de gostar dos pensamentos e sentimentos desagradáveis — exatamente como o dono de uma estalagem não gostaria de fato de todos os hóspedes que chegassem à sua hospedaria. No entanto, ele não bateria a porta na cara deles! Tratando todos os hóspedes de uma maneira honrada, ele os deixaria entrar, permitiria que permanecessem lá o tempo que precisassem e os deixaria ir embora quando estivessem prontos para partir. Podemos tratar os hóspedes que visitam a nossa mente da mesma maneira?

> OK, o que eu <u>faço</u> para tratar os visitantes da minha mente de uma maneira honrada?

> Da melhor maneira possível, você trata todas as experiências com respeito e interesse. Você procura se conectar e se envolver com elas. Permite que cada experiência, seja ela qual for, até mesmo a experiência da aversão, seja mantida na consciência, exatamente como ela é, sem requerer ou exigir que ela seja diferente do que é neste momento.

> Há uma pessoa na minha vida neste momento que está me causando muitos problemas... ela está cometendo muitos abusos e é indelicada comigo e com as crianças. Como podem esperar que eu permita isso?

> É importante compreender que estamos falando sobre admitir os nossos próprios sentimentos, não de aceitar qualquer tratamento que nos seja imposto por outras pessoas. O primeiro passo na aceitação é <u>enxergar claramente o que de fato está acontecendo</u>. Se houver alguma coisa terrivelmente errada com um relacionamento, podemos precisar tomar providências. Muitos de nós suportamos coisas por um tempo excessivo porque não nos permitimos ver — realmente enxergar — o que está acontecendo. Podemos ter culpado a nós mesmos por tudo, ou ter caído na armadilha de pensar que podemos mudar alguém, quando a pessoa não tem a menor capacidade de mudar. Permitir que os seus <u>sentimentos</u> estejam aqui e abraçá-los com bondade e compaixão podem possibilitar que você enxergue com mais clareza o caminho que tem diante de si.

Por que é tão importante cultivar a Aceitação/Não Interferência?

Sempre que vivenciamos sentimentos, sensações ou pensamentos desagradáveis, estamos em um ponto de escolha na jornada da nossa vida.

A escolha que fizermos afetará a nossa felicidade tanto de uma maneira imediata quanto mais adiante, no futuro.

Escolha 1: reagimos automaticamente com aversão — necessidade de nos livrar dos sentimentos, das sensações físicas ou dos pensamentos.

Com essa reação, a mente/o corpo forja o primeiro elo em uma cadeia de reações que nos fará ficar imobilizados, uma vez mais, em estados emocionais dolorosos e indesejados.

Escolha 2: da melhor maneira possível, personificamos conscientemente a intenção de aceitar que os pensamentos, sensações e pensamentos negativos fiquem aqui, mesmo sem gostar deles.

Ao tomar esse caminho, damos um passo significativo e poderoso para inclinar a mente em uma nova direção — alteramos a nossa postura básica de "não querer" para uma postura de "abertura".

Isso possibilita que a cadeia de reações automáticas habituais seja quebrada no primeiro elo. A experiência então se desdobra em novas direções, e nos tornamos menos propensos a ficar atolados na culpa da depressão, nos terrores da ansiedade, no atordoamento da raiva ou na exaustão do estresse.

Manter as experiências desagradáveis na consciência sem uma reação automática imediata dissolve, nesse preciso instante, o sofrimento causado pelo esforço de nos livrarmos delas.

> Alterar a nossa postura básica de "não querer" para uma postura de "abertura" possibilita que a cadeia de reações automáticas habituais seja quebrada no primeiro elo.

Também nos dá uma chance de investigar por nós mesmos duas das "verdades" das tradições de meditação que, segundo dizem, se aplicam a todas as experiências difíceis da vida:

- **Todos os sentimentos desagradáveis passam espontaneamente se não os pressionarmos.**
- **Podemos vivenciar uma espécie de paz e contentamento mesmo na presença de sentimentos desagradáveis.**

Prática diária

Na quinta semana, pratique cada um dos seguintes exercícios **durante seis dos próximos sete dias:**

1. Meditação na Posição Sentada: Trabalhando com Dificuldades
2. Espaço de Respiração de 3 Minutos — Regular
3. Espaço de Respiração de 3 Minutos — Responsivo, com Instruções Adicionais

1. Meditação na posição sentada: trabalhando com dificuldades

> No intuito de ficarmos tranquilos, desistimos da aflição de precisar fazer com que as coisas sejam diferentes.

Cultivar a aceitação e a não interferência em face de uma experiência difícil e indesejada encerra três passos:

Passo 1

Leve a atenção, de uma maneira deliberada e intencional, para a(s) parte(s) do corpo em que as sensações relacionadas com a experiência desagradável sejam mais intensas. Mesmo que os aspectos mais óbvios da dificuldade sejam pensamentos ou sentimentos negativos, ao realizar um exame cuidadoso você geralmente irá descobrir algum(ns) lugar(es) no corpo em que existem sensações que têm uma conexão observável com a experiência.

Passo 2

Conscientize-se de uma maneira **suave e delicada** de como você está se relacionando **no corpo** com essa experiência — com qualquer sensação de contração, afastamento, de não querer que as coisas sejam como são. Você consegue sentir a reação de aversão no corpo?

Passo 3

Da melhor maneira possível, **continue** a se conscientizar de uma maneira **interessada e amigável** das sensações do corpo conectadas com a experiência difícil **e com a aversão** a ela, ao mesmo tempo que **permite que elas estejam presentes**. Enquanto você mantém as sensações na consciência, **investigue-as** com uma suave curiosidade, permanecendo conectado com a experiência enquanto deixa que ela esteja presente.

Nos dias 1º, 3 e 5, pratique a meditação: trabalhando com a dificuldade (faixa 12 do áudio), descrita mais adiante.

Nos dias 2, 4 e 6, pratique a meditação na posição sentada, que você realizou na quarta semana (páginas 127-128), mas sem a orientação do áudio, em silêncio, lembrando-se de responder habilmente, da melhor maneira possível, a quaisquer dificuldades que surjam naturalmente.

CONVIDANDO A DIFICULDADE A ENTRAR E TRABALHANDO COM ELA NO CORPO

1. Para começar, pratique a atenção plena da respiração e do corpo, como descrita antes (páginas 100-101), até se sentir razoavelmente acomodado; em seguida, quando estiver pronto, siga, da melhor maneira possível, esta orientação adicional.
2. Até agora, quando você estava sentado e notava que a sua mente havia se afastado devido a pensamentos ou emoções dolorosos, as instruções eram para você apenas observar aonde a mente tinha ido e, em seguida, com delicadeza e firmeza, conduzi-la de volta para a respiração ou o corpo, ou para o que você tinha a intenção de focalizar com ela.
3. Agora, você pode explorar uma maneira diferente de resposta. Em vez de trazer a atenção de volta quando ela se desviar para um pensamento ou sentimento doloroso, você irá permitir que o pensamento ou sentimento *permaneça* na mente. Em seguida, deslocando a atenção para o corpo, verifique se você consegue se conscientizar de quaisquer sensações físicas que acompanham o pensamento ou a emoção.
4. Em seguida, quando você tiver identificado essas sensações, deliberadamente desloque o foco da atenção para a parte do corpo em que essas sensações são mais fortes. Você pode imaginar que poderia "**respirar**" nessa região ao inspirar e "**soltar o ar**" a partir dela ao expirar, exatamente como você praticou no *body scan* — não para mudar as sensações, mas para explorá-las, para enxergá-las claramente.
5. Caso você não esteja pensando em nenhuma dificuldade ou preocupação e desejar explorar essa nova abordagem, você poderá *deliberadamente trazer à mente uma dificuldade* que esteja ocorrendo na sua vida no momento — algo que você não se importe que lhe faça companhia por um breve período. Não precisa ser nada muito importante ou decisivo, mas algo que você tem consciência de ser desagradável, uma coisa não resolvida. Talvez um mal-entendido ou uma discussão, uma situação na qual você se sinta um tanto zangado, arrependido ou culpado por causa de alguma coisa que aconteceu. Se nada lhe ocorrer, você pode escolher alguma coisa do passado, recente ou distante, que um dia lhe causou um dissabor.
6. Agora, uma vez que você esteja se concentrando em uma situação ou um pensamento perturbador — uma preocupação ou um sentimento intenso —, permita-se levar algum tempo para se sintonizar com quaisquer sensações físicas no corpo que a dificuldade e a sua reação a ela evoquem.
7. Verifique se você é capaz de perceber, abordar e investigar internamente que sentimentos estão surgindo no seu corpo, conscientizando-se dessas sensações físicas e dirigindo de modo deliberado o foco da sua atenção para a região do corpo em que as sensações são mais fortes em um gesto de abraçar, de acolher positivamente.
8. Esse gesto poderá incluir respirar nessa parte do corpo na inspiração e soltar o ar a partir dessa região na expiração, explorando as sensações e observando a intensidade delas aumentar e diminuir de um momento para o outro.
9. Uma vez que a sua atenção tenha se acomodado nas sensações corporais e estas estejam vividamente presentes no campo da consciência, por mais desagradáveis que sejam, você poderá tentar aprofundar a atitude de aceitação e abertura com relação a quaisquer sensa-

ções que você esteja vivenciando ao dizer para si mesmo, de vez em quando: *"Ela está aqui agora. É aceitável ficar aberto para ela. Seja o que for, ela já está aqui. Vou ficar aberto para ela"*. Reduza a resistência e abra-se para as sensações das quais você se conscientizar, abandonando intencionalmente a tensão e a resistência. Diga para si mesmo: *"Reduzindo a resistência"*, *"Me abrindo"* cada vez que soltar o ar.

10. Veja então se é possível permanecer com essa conscientização, explorando essas sensações corporais e o seu relacionamento com elas, respirando com elas, aceitando-as, não interferindo, deixando que elas sejam exatamente como elas são.
11. Lembre-se de que ao dizer *"ela já está aqui"* ou *"é aceitável"* você não está julgando a situação original ou dizendo que tudo está bem, mas simplesmente ajudando a sua consciência, neste momento, a permanecer aberta às sensações no corpo.
12. Você não precisa *gostar* desses sentimentos — é perfeitamente natural que você não deseje tê-los por perto. Você talvez ache proveitoso dizer internamente para si mesmo: *"é aceitável não desejar esses sentimentos; eles já estão aqui; vou ficar aberto a eles"*.
13. Se você quiser, também pode experimentar manter na consciência tanto as sensações do corpo quanto o sentimento da respiração entrando e saindo, enquanto você respira com as sensações de momento a momento.
14. E quando você notar que as sensações corporais não estão mais atraindo a sua atenção com a mesma intensidade, apenas volte a se absorver completamente na meditação, tendo a respiração no corpo como o principal objeto de atenção.
15. Se não surgirem vigorosas sensações corporais, sinta-se à vontade para tentar esse exercício com quaisquer sensações corporais que você note, mesmo que elas não tenham nenhuma carga emocional.

> Aceitar a experiência significa simplesmente conceder um espaço para o que quer que esteja acontecendo, em vez de tentar criar algum outro estado.

Todos os dias, depois da meditação na posição sentada, faça algumas breves anotações sobre a sua experiência:

Primeiro dia (com o áudio):
Em que parte do corpo você sentiu (1) alguma dificuldade e (2) alguma aversão, um não querer que as coisas fossem assim ou uma resistência? Caso alguma coisa tenha acontecido com a dificuldade ou a aversão, descreva o que foi.

_____
_____
_____

Alguma outra coisa? _____

_____

_____

> Eu me senti mal porque não consegui pensar em nenhuma dificuldade.

> Sem problema. Isso lhe proporciona uma verdadeira "dificuldade" com a qual trabalhar no momento — os sentimentos desagradáveis sobre não ser capaz de praticar como você gostaria de fazer.

A dificuldade que você usa nessa prática pode ser uma coisa bem pequena — uma leve sensação de inquietação serve.

Segundo dia (sem o áudio):
Em que parte do corpo você sentiu (1) alguma dificuldade e (2) alguma aversão, um não querer que as coisas fossem assim ou uma resistência? Caso alguma coisa tenha acontecido com a dificuldade ou a aversão, descreva o que foi.

_____

_____

_____

_____

Alguma outra coisa? _____

_____

_____

> Não deu certo — os sentimentos desagradáveis simplesmente não desapareceram.

> Isso é perfeitamente aceitável. É interessante que você se lembre de que, por estranho que pareça, não estamos tentando modificar os sentimentos em si. A intenção é atenuar a maneira como eles são mantidos na consciência — suavizar o nosso relacionamento de aversão com eles —, é isso que nos faz sofrer e nos deixa emperrados na angústia emocional. Às vezes os sentimentos propriamente ditos mudam; mas com frequência, isso não acontece.

> **Jayla:** "Quando pensei na dificuldade, eu a senti na garganta, apenas aqui. A minha garganta ficou apertada, contraída, como se alguma coisa estivesse amarrada no meu pescoço. Era como se eu talvez não fosse conseguir respirar. Tentei lidar com isso de todas as maneiras — você sabe, respirando nela, relaxando, e tudo o mais. Mas a sensação não passava. Comecei a entrar um pouco em pânico... e se ela não fosse embora? Foi então que a voz no áudio disse qualquer coisa a respeito de eu notar como eu estava me relacionando com as sensações no corpo. Eu não tinha entendido antes o que isso significava; foi quando me dei conta de que a voz estava se referindo não apenas aos sentimentos na minha garganta, mas também ao fato de eu não querer ter esses sentimentos!!! Pensei com os meus botões: 'Existe alguma coisa aqui que eu não estou vendo? Alguma coisa que eu não estou sentindo?'. Sendo assim, examinei novamente o meu corpo. Descobri que esse 'não querer' tinha o seu próprio conjunto de sensações físicas. Elas não estavam na minha garganta e sim no meu abdômen. Comecei a levar a atenção, muito delicadamente, para essa região e, assim que eu fiz isso, os sentimentos no meu abdômen e na minha garganta se dissolveram. Eu não esperava isso. Acho que o fato de eu não estar tentando mudar as coisas nesse ponto ajudou bastante. Ficou bem claro que eu estava surpresa e comovida".

> Assim como Jayla, com a prática você poderá, às vezes, ser capaz de sentir muito claramente *no corpo* a diferença entre a dificuldade e a aversão a ela — e constatar que, embora você não possa fazer nada a respeito da dificuldade em si, você pode amenizar a sua aversão a ela.

Terceiro dia (com o áudio):

Em que parte do corpo você sentiu (1) alguma dificuldade e (2) alguma aversão, um não querer que as coisas fossem assim ou uma resistência? Caso alguma coisa tenha acontecido com a dificuldade ou a aversão, descreva o que foi.

_____
_____
_____
_____

Alguma outra coisa? _____
_____
_____

Quarto dia (sem o áudio):
Em que parte do corpo você sentiu (1) alguma dificuldade e (2) alguma aversão, um não querer ou uma resistência? Caso alguma coisa tenha acontecido com a dificuldade ou a aversão, descreva o que foi.
_____
_____
_____
_____

Alguma outra coisa?_____
_____
_____

> Uma dificuldade muito antiga e familiar apareceu. Fiquei muito zangada com ela por todo o sofrimento que ela causou — e comigo mesmo por não ter resolvido isso antes.

> Nessas ocasiões, você talvez ache proveitoso lembrar a si mesmo que a bondade é a base da MBCT. Ser bondoso consigo mesmo significa ser gentil, talvez dizendo o seguinte: "É aceitável não gostar desses sentimentos — é aceitável não desejar que eles estejam por perto". Ser gentil com o que está surgindo, de momento em momento, é dizer: "Ok, você está aqui. Vou deixar que fique aqui, embora eu não goste de você". Nós nos aproximamos. Abrimos a casa de hóspedes para aquilo que tememos; estendemos o tapete vermelho.

Retiramos o poder da aversão levando intencionalmente para toda a experiência um sentimento básico de bondade, deixando que a experiência seja exatamente como ela é, sem julgá-la ou tentar torná-la diferente.

A partir dessa percepção, podemos escolher o que precisa ser mudado, caso isso seja necessário.

Quinto dia (com o áudio):
Em que parte do corpo você sentiu (1) alguma dificuldade e (2) alguma aversão, um não querer que as coisas fossem assim ou uma resistência? Caso alguma coisa tenha acontecido com a dificuldade ou a aversão, descreva o que foi.

_____
_____
_____
_____

Alguma outra coisa? _____
_____
_____

> Eu estava pensando no meu amigo que está com câncer. Como posso dizer que "isso é ok"? Porque isso não é ok!

> Dizer que "é ok" não tem a ver com o fato de o seu amigo estar com câncer. As palavras apenas se destinam a ajudá-lo, nesse momento particular, a permanecer com os seus sentimentos a respeito dessa situação da maneira como eles já são — o medo, a raiva ou a culpa —, com menos conflito e aversão. Você está delicadamente incentivando a si mesmo a sentir o que já está presente, em vez de se opor a isso — esse é o significado de "ok" nesse caso.

Maria: "Quando pensei na dificuldade, uma parte inteira do meu corpo ficou rígida e tensa. Depois, eu respirei nela e, de repente, ela se tornou como um grande espaço vazio... com o ar entrando e saindo. Você sabe, como quando voltamos de férias e abrimos todas as portas e janelas para deixar o ar entrar na casa inteira... bem, foi assim... e a tensão a respeito da dificuldade continuou presente. Mas eu pensei: 'Oh, você ainda está aí, mas não importa, o vento está soprando, e está tudo bem'. Havia mais espaço para ela, e eu de certa maneira pude olhar para ela.

O sentimento no meu corpo ainda era de tensão, mas muito menor, e era como se todo o ar estivesse fluindo em volta dele. No início, era a coisa toda. Como eu estava muito tensa, você sabe, não havia mais nada ali. Era como uma massa de rocha sólida. Era enorme. Era tão sólida que era impossível circulá-la, mas depois ela encolheu e se tornou uma pequena pedra. Continuava a ser uma pedra... mas pequena.

Isso é bom. Porque eu acho que, provavelmente, eu vinha afastando todo o problema e, de certa maneira, ficava sentada em cima dele sem deixar que ele subisse por completo à superfície. Antes, eu simplesmente não queria que ele ficasse ali. Eu achava que ele iria apenas me oprimir. Agora, descobri que eu posso estar com ele".

A aceitação/não interferência nos liberta da contração da aversão. Cria um espaço no qual a dificuldade pode ser mantida mais gentilmente, com menos esforço.

Com muita frequência, a não interferência não irá remover de imediato o sentimento desagradável original.

Sexto dia (sem o áudio):
Em que parte do corpo você sentiu (1) alguma dificuldade e (2) alguma aversão, um não querer que as coisas fossem assim ou uma resistência? Caso alguma coisa tenha acontecido com a dificuldade ou a aversão, descreva o que foi.
_____
_____
_____
_____

Alguma outra coisa?_____
_____
_____

2. Espaço de respiração de 3 minutos — regular

Todos os dias desta semana, faça um espaço de respiração de 3 minutos, três vezes por dia, nos momentos em que você escolheu de antemão, exatamente como realizado na semana passada. Veja se consegue fazê-los sem a ajuda do áudio.

Para acompanhar a sua prática, no final de cada dia, circule um **R** na tabela que se segue (Prática 3) para cada um desses espaços de respiração planejados que você fizer.

3. Espaço de respiração de 3 minutos — responsivo, com instruções adicionais

Todos os dias desta semana, além do espaço de respiração regular planejado, faça um espaço de respiração *sempre que notar quaisquer sentimentos desagradáveis, resistência ou sensação de não querer que as coisas sejam como elas são.*

Você pode manter essa prática viva registrando (no seu celular ou em uma folha de papel ou cartão que você carregue sempre com você) todas as vezes que realizar um espaço de respiração responsivo, mesmo que ele seja muito breve. No final de cada dia, circule um X na tabela para cada espaço de respiração que você tiver feito.

DIA	Espaço de respiração REGULAR	Espaço de respiração RESPONSIVO
Primeiro dia	R R R	X X X X X X X X X X
Segundo dia	R R R	X X X X X X X X X X
Terceiro dia	R R R	X X X X X X X X X X
Quarto dia	R R R	X X X X X X X X X X
Quinto dia	R R R	X X X X X X X X X X
Sexto dia	R R R	X X X X X X X X X X
Sétimo dia	R R R	X X X X X X X X X X

Você talvez queira se aprofundar usando as instruções ampliadas que se seguem (faixa 9 do áudio, *Espaço de Respiração de 3 Minutos – Versão Completa*).

Usando o Espaço de Respiração: Instruções Ampliadas

Você vem praticando regularmente o espaço de respiração três vezes por dia e também sempre que você precisa. Sugerimos ainda que, sempre que você sentir um mal-estar físico ou mental, a primeira providência seja realizar um espaço de respiração. Eis algumas orientações adicionais que poderão ser úteis nessas ocasiões.

1. Conscientização

Você já praticou levar o foco da consciência para a sua experiência interior e reparar o que está acontecendo nos seus pensamentos, sentimentos e sensações corporais.

Agora, você talvez ache proveitoso descrever e identificar também o que está surgindo — colocar as experiências em palavras (como dizer mentalmente: "Um sentimento de raiva está surgindo" ou "Pensamentos de autocrítica estão presentes aqui").

2. Redirecionando a atenção

Você já praticou redirecionar delicadamente toda a sua atenção para a respiração, acompanhando-a o tempo todo enquanto ela entra e sai do seu corpo.

Além disso, você talvez deseje assinalar, no fundo da mente: "Inspirando... Soltando o ar" ou contar as respirações de 1 a 5 e depois recomeçar: "Inspirando, 1... soltando o ar, 1; inspirando, 2..." e assim por diante.

3. Expandindo a atenção

Você já praticou deixar que a atenção se expanda para o corpo inteiro, conscientizando-se de sua postura e expressão facial e mantendo na consciência todas as sensações do corpo nesse momento, exatamente como elas são.

Agora, se desejar, você pode ampliar esse passo, especialmente se houver alguma sensação de desconforto, tensão ou resistência. Se essas sensações estiverem presentes, você pode levar a consciência até elas "respirando nelas" na inspiração e "respirando a partir" das sensações, reduzindo a resistência e se abrindo com a expiração, dizendo para si mesmo "Isso é aceitável... o que quer que seja, já está aqui: vou sentir o que é".

Procure levar, da melhor maneira possível, essa consciência expandida para os momentos seguintes do seu dia.

Acho esquisito dizer "Um sentimento de raiva está surgindo". Por que não dizer simplesmente "Estou zangado"?

Dizer "A emoção de X está aqui" é simplesmente descrever a sua experiência no momento. Dizer "Eu estou X" reforça o hábito de você se identificar pessoalmente com a emoção — "Sou eu" —, o que é o início de todas as histórias que contamos para nós mesmos e nos fazem ruminar e permanecer preocupados. Mudar a maneira como falamos com nós mesmos é um jeito simples de não levar tanto as coisas para o lado pessoal.

O espaço de respiração responsivo não é apenas outra maneira engenhosa de corrigir as coisas?

Existe uma diferença sutil entre usar o espaço de respiração como uma maneira de permitir que a sua experiência seja como ela é no momento e usá-la na esperança de que ela "funcionará" para se livrar de sentimentos desagradáveis. O crucial nesse caso é a intenção — o que quer que você faça com o propósito velado de se livrar de sentimentos indesejáveis pode facilmente ter um resultado contrário ao desejado. O desafio é ser sincero com você mesmo e explorar, da melhor maneira possível, a possibilidade de "não interferir" como um ato de bondade.

Em algum momento desta semana, faça algumas breves anotações aqui descrevendo *uma* ocasião na qual você tenha achado que um espaço de respiração de 3 minutos foi útil.
  Qual foi a dificuldade? Qual foi a sua reação? Qual foi o efeito?

_____

_____

_____

_____

> **Chao:** "Eu estava indo visitar meu pai no hospital na última segunda-feira. Nunca sei o que vou encontrar ao chegar lá... recebo muitas mensagens confusas. Assim sendo, domingo de manhã bem cedo, acordei me sentindo apreensiva e receosa. Então pensei: 'Evento desagradável, evento desagradável, evento desagradável', o que eu realmente não tinha feito antes. Eu pensei: 'Vamos lá, o que você de fato está sentindo?'
>
> Fiquei satisfeita, porque eu estava pensando: 'O meu estômago está revirando, os meus punhos estão cerrados. Estou tendo dificuldade com a respiração'.
>
> ... e depois comecei a respirar... e a coisa não progrediu... não progrediu. Fiquei satisfeita porque isso faz com que eu sinta que nem tudo está fora de controle. Afinal de contas, não resolveu tudo de repente... aquelas coisas continuaram lá — mas ajudou. Decididamente ajudou".

O foco deste capítulo tem sido como você pode cultivar um relacionamento de aceitar/não interferir com uma dor **emocional** indesejada. Agora no final, talvez seja interessante você dar uma olhada na descrição de Lexy de como a MBCT modificou o seu relacionamento com a dor **física**:

> **Lexy:** "Em 2007, sofri um acidente que resultou em uma grave lesão na coluna. Isso me deixou tão debilitada e com tanta dor que precisei ficar um ano afastada da faculdade para me recuperar.
>
> Com o tempo, voltei a estudar, mas tive que continuar a tomar doses elevadas de medicamentos a fim de poder lidar com a dor.
>
> Nesta primavera, eu me matriculei no curso de atenção plena de oito semanas que transformou a minha vida.
>
> O curso me ajudou a ter consciência do meu corpo inteiro, e por meio dessa consciência eu fui mais capaz de lidar com a dor. <u>Ele me ensinou a aceitar a presença da dor, em vez de não dar atenção a ela, o que fez com ela passasse a causar um impacto menor nos meus pensamentos, sentimentos e ações. Comecei a ter um relacionamento diferente com a minha dor, passei a vê-la de uma nova maneira.</u> O curso também me ajudou a melhorar a minha postura.
>
> No final do curso, pela primeira vez, eu me senti capaz de parar de tomar os remédios para dor e os substituí pelas simples práticas/técnicas de meditação que aprendi e que são facilmente adaptáveis à vida do dia a dia".

Prelúdio

E se não houver necessidade de mudar, de tentar se transformar em uma pessoa mais bondosa, mais presente, mais amorosa ou mais sábia?

Como isso afetaria todos os aspectos da sua vida nos quais você está incessantemente procurando ser melhor?

E se a tarefa for simplesmente desabrochar, se tornar quem você já é na sua natureza essencial — uma pessoa meiga, bondosa, capaz de viver de modo pleno e de estar intensamente presente?...

E se a questão não for: por que é tão raro eu ser a pessoa que quero ser e, sim, por que é tão raro eu querer ser a pessoa que realmente sou?

Como isso mudaria o que você acha que precisa aprender?

E se o fato de nos tornarmos quem e o que verdadeiramente somos não acontecer por meio do esforço e da tentativa, e sim por reconhecermos e aceitarmos as pessoas, os lugares e as experiências que nos oferecem o calor do incentivo que precisamos para desabrochar?

Como isso moldaria as escolhas que você faz a respeito de como viver o momento presente?

E se você soubesse que o impulso para agir de uma maneira que irá criar a beleza no mundo surgirá bem no seu íntimo e servirá de orientação sempre que você simplesmente prestar atenção e esperar?

Como isso moldaria a sua quietude, o seu movimento, a sua disposição de seguir esse impulso, de apenas se entregar e dançar?

Oriah Mountain Dreamer

10

Sexta Semana:
Veja os Pensamentos *Como* Pensamentos

Orientação

John estava a caminho da escola.

Ele estava preocupado com a aula de matemática.

Ele não sabia se conseguiria controlar a turma novamente hoje.

Isso não fazia parte das obrigações de um zelador.

Antes de continuar a ler, pare um momento para descrever em poucas palavras como você entendeu essas frases ao lê-las:

_____

_____

_____

_____

_____

_____

Lou: "Primeiro, achei que era um menino indo para a escola, preocupado com uma aula de matemática que ele ia ter. Em seguida, de repente, compreendi que não se tratava de jeito nenhum de um menino, e sim de um professor. E finalmente, com a última frase, a minha mente fez outra troca e me dei conta de que não era um professor, e sim o zelador da escola".

Esse pequeno exercício ilustra alguns pontos muito importantes:

- A nossa mente está constantemente "criando significado" a partir do que nos chega por meio dos nossos sentidos.
- Esses significados frequentemente se baseiam apenas em alguns poucos fragmentos parciais de informação — os significados que criamos quase sempre vão muito além dos simples fatos fornecidos.
- Como resultado, os significados que criamos em geral não refletem uma verdadeira imagem do que está acontecendo; por esse motivo, como no exercício que você acaba de fazer, temos que atualizar repetidamente as nossas opiniões à luz de novas informações.
- Embora estejamos constantemente adicionando elementos às informações que recebemos, a não ser que alguém apareça e nos pregue uma peça (como no início deste capítulo), não temos consciência de que somos *nós* que estamos ativamente criando significado; nós pensamos que estamos vendo a coisa ou situação exatamente como ela é.

O Escritório

Dedique alguns momentos a imaginar esta cena o mais claramente possível:

Você está se sentindo deprimido porque acaba de discutir com um colega no trabalho. Pouco depois, você encontra outro colega no corredor e ele passa correndo, dizendo que está com muita pressa.

Escreva aqui os pensamentos que passariam pela sua cabeça:

_____
_____
_____
_____
_____
_____

Agora imagine a seguinte cena:

Você está se sentindo feliz porque você e um colega de trabalho acabam de receber um elogio por um bom trabalho realizado. Pouco depois, você encontra outro colega no corredor e ele passa correndo, dizendo que está com muita pressa.

Escreva os pensamentos que teriam passado pela sua cabeça:

_____
_____
_____
_____
_____
_____
_____

Agora examine o que escreveu em resposta às duas cenas.

Descreva qualquer coisa que lhe chame a atenção a respeito dos seus pensamentos nas duas situações:

_____
_____
_____
_____
_____
_____
_____
_____
_____
_____

> **Lou:** "Na primeira situação, eu acharia que o colega não tinha parado para falar comigo porque estava com raiva de mim ou tinha ouvido alguma coisa ruim a meu respeito. E ficaria remoendo a situação: por que ele não parou para falar comigo?
>
> Na segunda situação, eu apenas acharia que ele estava indo para uma reunião. Imagino que talvez me ocorresse que ele poderia estar com inveja, mas eu não pensaria muito no assunto".

> Isso não é interessante? Temos exatamente a mesma situação objetiva — o colega disse que não podia parar — e duas interpretações muito diferentes, que dão origem a sentimentos muito diferentes: aborrecimento e preocupação em um dos casos, indiferença no outro.
>
> O "adicional" acrescentado por nossa mente será diferente dependendo da <u>atitude</u> <u>mental</u> que levamos para a experiência. Essa atitude refletirá, entre outras coisas, o que acaba de nos acontecer. As diferentes interpretações refletem diferentes <u>atitudes</u> <u>mentais</u>. A discussão gerou uma atitude mental de autocrítica; o elogio produziu uma atitude mental mais positiva.
>
> Atitude mental → Interpretação → Sentimentos

> As nossas interpretações dos eventos refletem o que levamos para elas tanto quanto o que efetivamente existe, ou mais ainda:
>
> ### Os pensamentos não são fatos
> (Mesmo aqueles que dizem que são!)

As disposições de ânimo e os sentimentos são poderosas influências que moldam a nossa atitude mental — a lente através da qual nós vemos o mundo. Isso, por sua vez, molda os nossos padrões de pensamento.

Nas disposições de ânimo, os padrões de pensamento frequentemente refletem temas semelhantes aos sentimentos que os moldaram — sentimentos de desesperança conduzem a pensamentos de desesperança, sentimentos amáveis conduzem a pensamentos benevolentes, e assim por diante.

Os sentimentos dão origem a padrões de pensamento relacionados.

Quando os temas dos sentimentos e pensamentos se entrelaçam dessa maneira, esses padrões de pensamentos recriam os sentimentos que os moldaram originalmente. Além de manter os sentimentos ativos, o estreito vínculo entre os sentimentos e os pensamentos faz com que os pensamentos pareçam bastante reais.

Quando os pensamentos e a disposição de ânimo se entrelaçam, os pensamentos podem ser muito convincentes e difíceis de ser encarados *como* pensamentos.

É assim que os ciclos viciosos que nos mantêm imobilizados em emoções dolorosas continuam ativos.

> Ok, se eu entender as coisas dessa maneira, o que vem depois? O que eu preciso fazer a respeito?

> De uma maneira ou de outra, temos que nos soltar do domínio dos nossos sentimentos, da nossa atitude mental ou dos nossos pensamentos.
> Não raro, os nossos pensamentos são um bom lugar para começar; reconhecer o tema deles nos fornece pistas para o que está acontecendo mais profundamente na mente.

> E depois de eu ter reconhecido os pensamentos que estão presentes?

> O crucial é aprender um novo relacionamento com os pensamentos, relacionar-se com eles como pensamentos, eventos mentais que surgem na mente e vão embora — e não como a verdade sobre "como as coisas realmente são".
> Desse modo, você pode soltar a mente e o corpo do domínio dos ciclos de pensamento-sentimento que o mantêm aprisionado na dor emocional.
> Essa mudança no relacionamento é o foco da prática diária desta semana.

Prática diária

Na sexta semana, pratique cada um dos seguintes exercícios **durante seis dos próximos sete dias**:
1. Meditação na Posição Sentada — com o Foco em Relacionar-se com os Pensamentos como Eventos Mentais
2. Espaço de Respiração de 3 Minutos — Regular
3. Espaço de Respiração de 3 Minutos — Responsivo, com o Foco nos Pensamentos

Adicionalmente:
4. Configuração de um Sistema de Advertência Precoce

1. Meditação na posição sentada — com o foco em relacionar-se com os pensamentos como eventos mentais

todos os dias, pratique a meditação na posição sentada por pelo menos 40 a 45 minutos por dia (escolha entre as seguintes faixas dos áudios: *Meditação na Posição Sentada de 10 Minutos com Atenção Plena na Respiração, Meditação na Posição Sentada de 20 Minutos, Meditação de Alongamento e Respiração, Meditação na Posição Sentada, Meditação Trabalhando com a Dificuldade*). Você poderá compor os 40 a 45 minutos combinando duas meditações de 20 minutos, uma meditação de 20 minutos mais duas de 10 minutos ou apenas realizar uma única meditação de 40 minutos. Sinta-se à vontade para experimentar diferentes combinações em dias diferentes.

Independentemente das meditações que você usar, lembre-se de ter em mente a possibilidade de se relacionar com os pensamentos *como* pensamentos — eventos mentais passageiros, e não "você" ou "a verdade".

Três Maneiras de Praticar a Percepção dos Pensamentos como Eventos Mentais

Opção 1: quando você se der conta de que a sua atenção se afastou do foco planejado (respiração, corpo, som etc.), **faça uma pausa** longa o bastante para reconhecer quaisquer pensamentos, imagens ou memórias que estejam presentes. Em seguida, **diga "pensando" para si mesmo**, com muita calma, como um lembrete para que você encare esses pensamentos *como* pensamentos e, da maneira mais gentil e delicada possível, leve a atenção de volta para o foco planejado de respiração, corpo, som etc.

Opção 2: torne os próprios pensamentos o foco principal da sua atenção. Assim como, no caso dos *sons*, você dirige a consciência para quaisquer sons que surjam, notando quando eles surgem, se desenvolvem e vão embora, agora, da melhor maneira possível, leve a consciência para os *pensamentos* que surgem na sua mente exatamente da mesma maneira.

Imagens e metáforas podem ajudar. Você pode levar a consciência para os pensamentos:

- como se eles fossem projetados na tela do cinema. Você se senta, observando a tela, esperando que um pensamento ou uma imagem surja. Quando isso acontece, você presta atenção a ele enquanto ele estiver "na tela", e depois você o abandona quando ele desaparece.
- como se eles entrassem em um palco vazio e saíssem pelo bastidor oposto.
- como se a mente fosse um vasto e amplo céu, e os pensamentos fossem nuvens ou pássaros que passassem por ele.
- como se os pensamentos fossem folhas se deslocando em um riacho, carregadas pela correnteza.

Para começar, tenha a intenção de praticar tendo os pensamentos como o principal objeto de atenção por não mais do que 3 ou 4 minutos de cada vez — ninguém acha fácil prestar diretamente atenção aos pensamentos dessa maneira. Sinta-se à vontade para explorar outras imagens ou metáforas ou simplesmente não explorar nenhuma.

Opção 3: quando você notar que os pensamentos têm uma forte carga emocional, ou que eles parecem ser importunos ou persistentes, você pode se lembrar de que as emoções são "pacotes" de sensações físicas, sentimentos e pensamentos correlatos (páginas 90, 163). Reconheça, por um breve intervalo, os pensamentos *como* pensamentos. Depois **"mergulhe" debaixo dos pensamentos, para explorar, no corpo, a sensação percebida da emoção que "deu à luz" os pensamentos.** Leve a consciência para a região do corpo em que essas sensações são mais intensas — exatamente como você fez quando trabalhou com as dificuldades na semana passada.

Primeiro dia:

Qual o efeito de lembrar a si mesmo de reconhecer os pensamentos como pensamentos e de fazer uma pausa e se dizer "pensando" antes de retornar à respiração?

O que mais você notou? _____

> Percebi que "retornar à respiração" tinha se tornado um pouco automático. Era bom fazer uma pausa e passar algum tempo olhando as coisas mais claramente e abandonar os pensamentos de uma maneira mais consciente.

> Isso é bom — o movimento simples (porém, com frequência, não muito fácil) de fazer uma pausa, reconhecer, rotular e abandonar os pensamentos, realizado repetidamente, é uma maneira muito poderosa de desenvolver um relacionamento diferente com os pensamentos.

A Caravana de Associações

Não precisamos brigar com os pensamentos nem enfrentá-los ou julgá-los. Mais exatamente, podemos apenas optar por não seguir os pensamentos quando nos damos conta de que eles surgiram.

Quando nos perdemos no pensamento, a identificação é forte. O pensamento arrebata a mente e a carrega para longe, e, em um intervalo muito curto, podemos ser, efetivamente, levados para muito longe. Embarcamos em uma caravana de associações, sem saber que fizemos isso, e por certo sem conhecer o nosso destino. Em algum lugar mais à frente, podemos acordar e perceber que estávamos pensando, que tínhamos sido levados para um passeio. E, quando deixamos a caravana, podemos nos encontrar em um ambiente mental muito diferente daquele em que nos encontrávamos quando nos juntamos à caravana.

À guisa de exercício, você pode fechar os olhos e imaginar que está sentado em um cinema, olhando para uma tela em branco. Espere simplesmente que pensamentos surjam. O que exatamente eles são? O que acontece a eles? Os pensamentos são como monitores mágicos, que parecem reais quando estamos perdidos neles, mas que desaparecem quando os inspecionamos.

E o que dizer dos pensamentos intensos que nos afetam? Ficamos observando, observando, observando, e então, de repente, nós vamos embora, perdidos em um pensamento. O que está envolvido? Quais são os estados mentais ou o tipo particular de pensamento que repetidamente nos capturam, fazendo com que nos esqueçamos de que eles são apenas fenômenos vazios passando por nós?

Os tipos de pensamento que temos, e o impacto deles na nossa vida, dependem da maneira como interpretamos as coisas. Se estivermos no espaço livre e poderoso de apenas observar enquanto os pensamentos surgem e passam, então o tipo de pensamento que aparece na mente não tem importância; podemos ver os nossos pensamentos como o show itinerante que eles são.

As ações resultam dos pensamentos e elas dão origem a todos os tipos de consequência. Em que pensamentos vamos investir? A nossa grande tarefa é enxergá-los claramente, a fim de que possamos escolher aqueles que servirão de base para as nossas ações e aqueles com os quais não iremos interagir.

Joseph Goldstein

Segundo dia:

O que aconteceu quando você tornou os próprios pensamentos o foco da sua atenção? Algumas das imagens ou metáforas foram úteis?

_____
_____
_____

Alguma outra coisa?

_____
_____

> Na primeira vez em que tentei me concentrar nos pensamentos, eles desapareceram completamente! Depois, quando me concentrei neles como se fossem um filme, só consegui permanecer "na audiência" durante alguns pensamentos antes de ser arrastada para a ação. Quando voltei a mim, comecei a pensar: nunca serei capaz de fazer isso.

> Todas essas são experiências muito comuns. Pode ser realmente proveitoso incluir na prática pensamentos a respeito da prática (como "nunca serei capaz de fazer isso"), a fim de encará-los também como eventos mentais passageiros. Dessa maneira, eles não a deixarão tão aborrecida ou desanimada. Você pode fazer de conta que esses pensamentos são vozes de pessoas sentadas atrás de você no cinema.

> Isso me faz lembrar de uma coisa que aconteceu certo dia da semana passada. Eu estava mesmo me esforçando para me concentrar na meditação. A minha mente estava muito confusa por causa de coisas que estão acontecendo no trabalho. Fiquei repetindo para mim mesmo: volte para a respiração, volte para a respiração, volte para a respiração! Eu achei que aquilo não estava me fazendo nenhum bem, que na verdade talvez estivesse fazendo com que eu piorasse. Foi então que aconteceu algo. Compreendi que "Isso não está me fazendo nenhum bem" era outro pensamento — um pensamento insidioso, oculto —, e que "está me fazendo piorar" também. Eu estivera procurando pelos pensamentos no palco, mas eles não apareceram lá. Eles vieram de outro lugar diferente, exatamente como você disse. Mas assim que eu os percebi, foi incrível — o sentimento de desesperança se dissolveu. As coisas sobre o trabalho ainda estavam presentes, mas não tinham a mesma sensação de peso que antes. Acabei pensando se há um modo de trabalhar para ver isso mais cedo, de maneira a não me deixar absorver com tanta facilidade.

> Exatamente... é como se alguns desses pensamentos entrassem disfarçados, de modo que você nem mesmo os vê se infiltrando na sua consciência — eles estão excepcionalmente bem camuflados no meio do pano de fundo dos sentimentos, e então eles ficam envolvidos na reação de "não querer ter" esses sentimentos. Pode ser muito difícil, não é mesmo? Pode ser interessante fazer uma pausa, prestar atenção à "voz que está atrás de você" e deslocar a atenção para o corpo a fim de descobrir que emoções poderão estar dando origem a esses pensamentos sutis.

Terceiro dia:
Como você reagiu aos pensamentos carregados, invasivos ou persistentes, caso os tenha encontrado? O que aconteceu?

_____
_____
_____
_____

Alguma outra coisa?

_____
_____
_____

> Preocupações relacionadas a uma reunião com o meu chefe no dia seguinte ficavam insistindo em entrar na minha mente. Eu rotulava essas preocupações de "pensando" e voltava para a respiração, mas elas continuavam a aparecer.

> Meus parabéns por ter persistido dessa maneira. Talvez seja proveitoso se lembrar de que os pensamentos emocionalmente carregados são apenas a ponta visível do iceberg da maioria dos "pacotes" emocionais. A maior parte do iceberg — as sensações corporais e os sentimentos — está submersa. Muitas pessoas consideram útil a seguinte regra geral: <u>quando pensamentos associados a emoções estiverem por perto, reconheça esses pensamentos e, em seguida, desça para o corpo a fim de levar a consciência às sensações e aos sentimentos que deram origem aos pensamentos.</u>

A atenção plena nos convida a ver os pensamentos como um pacote completo. Nós nos concentramos diretamente no *sentimento* que dá origem ao pensamento, em vez de nos emaranharmos nos pensamentos propriamente ditos. Cuidadosa e delicadamente, perguntamos a nós mesmos: "O que estou sentindo neste momento?"

> **Louise:** "Eu vinha tendo algumas semanas difíceis e estava me sentindo muito pra baixo. Eu sabia que, normalmente, era bastante possível que eu decaísse para uma plena depressão. Eu estava no consultório de um médico com a minha filha, sentindo-me pressionada porque tivera que sair do trabalho no horário do expediente a fim de estar ali com ele. Metade de mim pensava 'O que o meu chefe vai dizer?' e a outra metade 'Por que eu não deveria estar aqui? Tenho direito a isso', e assim por diante.
>
> Reparei no que estava acontecendo, mas não da maneira antiga, quando eu dizia para mim mesma que eu não deveria ser tão idiota. Em vez disso, fiz uma pausa. Reconheci o que eu estava sentindo: eu estava zangada, cansada, confusa e muito preocupada com a minha filha. Em seguida, senti a minha perspectiva se ampliar e pude dizer para mim mesma: 'Não há nada errado com eu me sentir desta maneira; não há nada errado'. Deixei que os sentimentos apenas permanecessem ali, sem me esforçar para afugentá-los — e eles simplesmente se atenuaram aos poucos".

Quarto dia:

Qual foi a sua atitude com relação aos pensamentos que você encontrou? Você ficou impaciente, irritado, desejoso de que eles não estivessem presentes? Receptivo, interessado? Ou apenas neutro com relação a eles?

_____

_____

_____

_____

Alguma outra coisa?

_____

_____

_____

> Eu surpreendi a mim mesmo. Torrentes de preocupações e pensamentos de autocrítica estavam passando sucessivamente pela minha cabeça, como de costume. Mas um canto da minha mente se lembrou de que eu poderia contemplar os pensamentos. Foi quando fiquei interessado neles, em vez de ser absorvido pelo conflito com eles.

> Maravilhoso! Essa é a mudança de perspectiva crucial que a prática pede que façamos — a atenção plena nos oferece outro lugar para nos posicionarmos. Quando os pensamentos e os sentimentos parecem uma enorme torrente, e temos a impressão de ser lançados para baixo com a força da água, nós nos deslocamos para uma posição atrás da catarata. Observamos os pensamentos e sentimentos passarem sucessivamente por nós. Eles estão muito perto. Você sente a força deles, mas eles não são você.

> Como sempre, a bondade é a base da prática habilidosa.
>
> Ser bondoso com os seus pensamentos significa lembrar delicadamente a si mesmo que os pensamentos não são o inimigo, deixar que eles permaneçam presentes, conscientizando-se deles de uma maneira amistosa e interessada.
>
> Ser bondoso consigo mesmo significa se permitir ser o que você já é neste momento.

Quinto dia:

Anote quaisquer padrões de pensamento familiares e bastante usados que você tenha reconhecido. Que efeito eles tiveram?

_____
_____
_____
_____

Alguma outra coisa?

_____
_____
_____

> Muitas rotinas antigas: Não sou bom o bastante. Não consigo fazer isso. O que acontecerá se...? Todas as dúvidas habituais!

> O humor é um grande aliado nesse caso. Uma vez que você consiga enxergar esses velhos padrões pelo que eles de fato são, sorria zombeteiramente para eles e lhes dê as boas-vindas, mesmo que sem muito entusiasmo. Dessa maneira, você começa a despi-los do poder que têm de aborrecê-lo e controlá-lo.

OS DEZ PENSAMENTOS MAIS INÚTEIS DA SUA MENTE

Depois de ter observado bastante a sua mente e visto os mesmos antigos pensamentos aparecendo repetidamente, você descobrirá, com o tempo, que você não cai mais na armadilha.

Dar nome aos seus padrões familiares de pensamento pode ajudá-lo a reconhecê-los quando eles começarem. Possibilita que você diga: "Ah, eu conheço esse programa. Este é o meu programa 'Não suporto o meu chefe' ou o programa 'Ninguém reconhece o quanto eu trabalho'. Reconhecer os padrões de pensamento pelo que eles são cria um espaço entre você e eles. Com o tempo, você talvez consiga enxergar esses padrões familiares com tanta clareza, que deixará de reagir a eles.

Veja se você consegue identificar os seus dez padrões ou programas de pensamento mais inúteis. Mantenha aqui um registro desses "suspeitos habituais":

Programa 1 _____
Programa 2 _____
Programa 3 _____
Programa 4 _____
Programa 5 _____
Programa 6 _____
Programa 7 _____
Programa 8 _____
Programa 9 _____
Programa 10 _____

É aceitável tornar isso um projeto contínuo ao longo das próximas semanas, e você não precisa encontrar apenas dez! (Sinta-se à vontade para tirar cópias adicionais desta página.)

Sexto dia:

Que forma os seus pensamentos assumem? Você os vivencia como palavras, imagens ou cenas ou como "significados" desprovidos de palavras e imagens? Caso haja palavras, qual é o tom de voz?

_____
_____
_____
_____

Alguma outra coisa?

_____
_____
_____

> No meu caso, acho que foi uma mistura. Alguns pensamentos surgiam de modo claro como palavras na minha cabeça — frequentemente com uma voz incômoda. Outras vezes, havia imagens: quando me senti rejeitado, vi uma imagem de amigos que estavam juntos rindo e falando entre si, sem que eu estivesse com eles.

> Algumas pessoas pensam principalmente por meio de palavras, outras por intermédio de imagens. Às vezes, ocorre apenas uma sensação de significado, sem palavras ou imagens. Quando as mesmas emoções ficam voltando, sempre vale a pena verificar se existem imagens que pareçam cristalizar a essência do sentimento; elas podem estar apenas mantendo a emoção ativa.

"É incrível observar quanto poder nós entregamos involuntariamente a pensamentos não solicitados: 'Faça isto, diga aquilo, lembre-se, planeje, preocupe-se de modo obsessivo, julgue'. Eles têm o potencial de nos levar à loucura, e frequentemente fazem isso!" — Joseph Goldstein

2. Espaço de respiração de 3 minutos — regular

Todos os dias nesta semana, faça um espaço de respiração de 3 minutos, três vezes por dia, nas ocasiões que você escolheu de antemão, exatamente como realizado na semana passada.

A fim de manter um registro da sua prática, no final de cada dia, circule um **R** na tabela da página 173 para cada um desses espaços de respiração planejados que você tiver feito.

3. Espaço de respiração de 3 minutos — responsivo, com o foco nos pensamentos

Todos os dias nesta semana, além do espaço de respiração regular planejado, faça um espaço de respiração *sempre que notar quaisquer sentimentos desagradáveis e sempre que notar que os seus pensamentos estão levando a melhor sobre você.*

Você pode manter viva a intenção dessa prática circulando um X na tabela que se segue todas as vezes que tiver realizado um espaço de respiração responsivo.

DIA	Espaço de respiração REGULAR	Espaço de respiração RESPONSIVO
Primeiro dia	R R R	X X X X X X X X X X
Segundo dia	R R R	X X X X X X X X X X
Terceiro dia	R R R	X X X X X X X X X X
Quarto dia	R R R	X X X X X X X X X X
Quinto dia	R R R	X X X X X X X X X X
Sexto dia	R R R	X X X X X X X X X X
Sétimo dia	R R R	X X X X X X X X X X

> Quando os pensamentos ameaçam nos oprimir,
> realizar um espaço de respiração
> (por mais breve que seja) é sempre o primeiro passo.

Se ainda houver pensamentos negativos após a realização de um espaço de respiração, você tem opções com relação ao que fazer em seguida.

Opção 1. Você pode apenas *reentrar* no fluxo da vida do dia a dia, com a sua perspectiva de pensamento modificada, mesmo que ligeiramente, fazendo um espaço de respiração.

Opção 2. Você pode continuar atento à emoção que está alimentando os pensamentos, concentrando-se em como ela é vivenciada no *corpo*. Talvez ache útil seguir as instruções do Passo 3 introduzidas na semana passada (páginas 156-157).

Opção 3. Você pode se concentrar nos *pensamentos* negativos propriamente ditos, explorando uma ou mais das estratégias descritas no quadro da página 174.

> ## O Espaço de Respiração: Maneiras de Encarar os Pensamentos de um Jeito Diferente
>
> 1. Apenas observe os pensamentos surgirem e irem embora no campo da consciência, sem sentir que precisa segui-los.
> 2. Lembre a si mesmo que você deve encarar os pensamentos como eventos mentais, e não como fatos.
> 3. Anote os seus pensamentos no papel. Isso o ajudará a enxergá-los de uma maneira menos emocional e opressiva. O intervalo entre ter o pensamento e anotá-lo lhe dá uma oportunidade para adotar uma perspectiva mais ampla.
> 4. Veja se você reconhece o padrão de pensamento como um dos seus "dez pensamentos mais inúteis".
> 5. Concentre-se, com delicadeza e compaixão, nos sentimentos que possam estar dando origem aos pensamentos, perguntando aos seus botões: "Que pensamentos estão aqui agora?", "Como estou vivenciando esses sentimentos **no corpo?**".

Estou ficando um pouco confuso com todos esses diferentes tipos de espaços de respiração. Como posso me lembrar de todos eles e como vou saber qual devo usar em uma ocasião particular?

Em todas as situações difíceis, o primeiro passo é sempre fazer um espaço de respiração básico. Você pode pensar nesse passo como se ele o estivesse conduzindo a um corredor, no qual existem várias portas — você sai do corredor por uma delas. Cada porta oferece uma possibilidade diferente para o seu passo seguinte: reentrada, corpo e pensamentos (na próxima semana vamos introduzir mais uma porta).

Nós o incentivamos a explorar todas as portas com o tempo. Dessa maneira, você descobre por si mesmo a resposta mais hábil para cada tipo de situação. Como regra geral, costuma ser proveitoso, em algum momento, concentrar-se nas sensações físicas efetivas no corpo. Com o tempo, você descobrirá as suas próprias maneiras de usar o espaço de respiração, de modo que ele se tornará um amigo fiel para você.

Em algum momento desta semana, faça aqui algumas breves anotações, descrevendo UMA ocasião na qual você considerou proveitoso um espaço de respiração responsivo para pensamentos difíceis.

Quais foram os pensamentos? Qual foi a sua resposta? Qual foi o efeito?

_____
_____
_____
_____
_____
_____
_____
_____

> **Chan:** "De repente, do nada, eu penso em alguma coisa que disse há duas semanas — 'aposto como ela quis dizer tal e tal coisa. Por que ela disse aquilo?' —, e a minha mente fica dando voltas sem parar.
> Mas então eu penso na frase: 'os pensamentos não são fatos'. Eu me sintonizei mesmo com essa frase, 'os pensamentos não são fatos', e tem a outra parte que diz 'até mesmo aqueles que dizem que são', porque se você tem esse tipo de coisa acontecendo na sua cabeça você pode dizer: 'Vamos lá. Isso não é real. Você está aqui nesta sala, olhe para todas as coisas boas que estão à sua volta'. E então o outro pensamento voltava: 'Mas ela realmente disse aquilo. Aquilo realmente aconteceu'. E depois eu consegui enfim captar a frase: 'Mesmo aqueles que dizem que são' [risos]. Eu faço então o espaço de respiração e costumo me dar conta de que a coisa desaparece".

4. Configuração de um sistema de advertência precoce

O programa da MBCT foi originalmente projetado no intuito de desenvolver as habilidades e o entendimento que possibilitassem que pessoas que já tinham ficado deprimidas tomassem medidas para evitar ficar, uma vez mais, profundamente atoladas na depressão. A seção a seguir foi escrita basicamente tendo em mente essas pessoas.

No entanto, também descobrimos que muitas pessoas consideram útil reconhecer os primeiros sinais que lhes dizem que elas estão ficando emocionalmente esgotadas, estressadas demais ou excessivamente ansiosas. Portanto, mesmo que a depressão não seja o seu principal problema, você talvez ache essa seção útil.

> As suas ações serão mais eficazes se você conseguir responder, o mais cedo possível, aos sinais de que a sua disposição de ânimo está piorando.

Sendo assim, o primeiro passo na configuração de um Sistema de Advertência Precoce é identificar os seus **Primeiros Sinais de Advertência** (às vezes também chamados de **Marca Registrada de Recaída**) — o padrão de sinais que lhe dizem que a sua disposição de ânimo está começando a piorar continuamente de maneira que, se não for controlada, fará com que você fique imobilizado, uma vez mais, na depressão ou em outra emoção dolorosa.

Eis alguns dos sinais de que a disposição de ânimo está afundando identificados por ex-participantes da MBCT. Alguns podem ser válidos para você, outros não. Talvez seja interessante você assinalar o quadradinho ao lado de qualquer sinal que pareça refletir a sua experiência pessoal:

- Dormir mais ou dormir menos, acordar em horários diferentes, ter dificuldade em pegar no sono ☐
- Ficar facilmente exausto ☐
- Não querer lidar com atividades normais e necessárias (abrir a correspondência, pagar contas etc.) ☐
- Ver os pensamentos e sentimentos negativos se cristalizarem — considerá-los "pegajosos", difíceis de ser descartados ☐
- Desistir de fazer exercício ☐
- Não querer ver outras pessoas ☐
- Comer mais ou menos, não estar interessado em comida ☐
- Ficar irritado consigo mesmo e com outras pessoas ☐
- Protelar as coisas, adiar prazos finais ☐

Quais são os seus sinais de que a depressão (ou outro estado de ânimo indesejado) pode estar querendo assumir novamente o controle? Pense nas suas experiências anteriores e procure se lembrar, da melhor maneira possível, dos padrões que talvez tenham lhe dado um aviso precoce de que a sua disposição de ânimo estava se alterando. Use como guia as perguntas das próximas páginas; sinta-se à vontade para copiá-las.

Não raro, outras pessoas podem perceber as mudanças muito antes de você registrá-las. Se você se sentir à vontade fazendo isto, inclua *alguém em quem você confie, que o conheça bem e que você costume ver com frequência* em um trabalho de colaboração para *notar* e depois *responder*, em vez de *reagir* a esses sinais.

SISTEMA DE ADVERTÊNCIA PRECOCE DA DEPRESSÃO

O que ativa em você o sofrimento emocional ou a depressão?

_____

_____

_____

_____

_____

_____

> - Os gatilhos podem ser externos (coisas que acontecem a você) ou internos (por ex., pensamentos, sentimentos, memórias, preocupações).
> - Pense tanto nos pequenos gatilhos quanto nos grandes — às vezes algo aparentemente trivial pode desencadear uma espiral descendente de disposição de ânimo.

_____

_____

Que tipos de pensamento passam pela sua cabeça logo que você percebe que a sua disposição de ânimo está piorando ou os seus sentimentos estão começando a ficar fora de controle?

_____

_____

_____

_____

_____

Que outras emoções você também nota?

_____

_____

_____

_____

_____

O que acontece no seu corpo?

_____
_____
_____
_____
_____
_____

O que você faz ou tem vontade de fazer?

_____
_____
_____
_____
_____
_____

Que velhos hábitos de pensamento ou comportamento podem involuntariamente mantê-lo imobilizado em disposições de ânimo dolorosas? (por ex., ruminar, tentar reprimir os pensamentos e sentimentos dolorosos ou se afastar deles, lutar contra eles em vez de aceitá-los e explorá-los).

_____
_____
_____
_____
_____
_____

O que, no passado, o impediu de notar e lidar com os sinais de advertência e os indícios? (por ex., desejo de afastá-los, negação, distração, sensação de desesperança, bebida, discussões, culpabilização de membros da família ou colegas).

_____
_____
_____
_____
_____
_____

Como você poderia incluir amigos e membros da família no seu sistema de advertência precoce?

_____
_____
_____
_____
_____
_____

> É bastante provável que pensar no passado dessa maneira tenha despertado alguns sentimentos tristes. Se isso se aplicar a você, agora seria um bom momento para
>
> ### *Realizar um espaço de respiração de 3 minutos*

Na próxima semana, vamos examinar o que você pode efetivamente fazer uma vez que detecte sinais de advertência precoces.

Por ora, talvez seja interessante você criar um "resumo executivo" da sua exploração de sinais de advertência incluindo os **cinco sinais mais importantes** em uma descrição dos seus **Sinais de Advertência Precoce** (Marca Registrada de Recaída); sinta-se à vontade para copiar o formulário da página 180.

MEUS SINAIS DE ADVERTÊNCIA PRECOCES
(MARCA REGISTRADA DE RECAÍDA)

Os cinco principais sinais de que a minha vida pode estar fugindo ao controle ou de que a depressão pode estar assumindo o comando são os seguintes:

1. _____
_____

2. _____
_____

3. _____
_____

4. _____
_____

5. _____
_____

DANDO UM PASSO ATRÁS E OBSERVANDO OS PENSAMENTOS

É extraordinário como pode ser libertador ser capaz de perceber que os seus pensamentos são apenas pensamentos e não "você" ou a "realidade". Por exemplo, se você tiver o pensamento de que precisa fazer um certo número de coisas hoje e não o reconhecer como um pensamento, agindo como se ele fosse "a verdade", você terá criado nesse momento uma realidade na qual você de fato acredita que todas essas coisas precisam ser feitas hoje.

Certo paciente, Peter, que tinha tido um ataque cardíaco e queria evitar outro, chegou a uma dramática compreensão desse fato uma vez, quando deu consigo lavando o carro às 10 horas da noite, na autoestrada, debaixo da luz forte dos postes de iluminação. Naquele momento, ocorreu-lhe que ele não precisava lavar o carro. Isso era apenas o resultado inevitável de um dia inteiro passado na tentativa de encaixar tudo o que ele achava que deveria ser feito naquele dia. Quando viu o que estava fazendo consigo mesmo, percebeu que tinha sido incapaz de questionar a verdade da sua convicção original de que tudo tinha de ser feito naquele dia, porque ele já estava completamente envolvido naquela suposta verdade.

Se você se perceber comportando-se de maneira semelhante, é provável que também se sinta coagido, tenso e ansioso sem nem saber por que, exatamente como Peter se sentia. Por conseguinte, se o pensamento de todas as coisas que você precisa fazer hoje aparecer enquanto você estiver meditando, você terá de tomar muito cuidado para observá-lo como um pensamento, caso contrário você poderá se levantar e começar a fazer coisas antes mesmo de se dar conta do que está fazendo, sem estar nada consciente de que decidiu interromper a meditação apenas porque um pensamento passou pela sua cabeça.

Por outro lado, quando um pensamento desse tipo surgir, se você for capaz de dar um passo atrás e enxergá-lo com clareza, você conseguirá priorizar as coisas e tomar decisões sensatas a respeito do que realmente precisa ser feito. Você saberá quando dar as coisas por encerradas durante o dia. Portanto, o simples ato de reconhecer os seus pensamentos como pensamentos poderá libertá-lo da realidade distorcida que eles com frequência criam e abrir mais espaço para uma perspectiva mais clara e um maior senso de maneabilidade na sua vida.

Essa libertação com relação à tirania do pensamento deriva diretamente da prática de meditação em si. Quando passamos algum tempo, todos os dias, em um estado de não ação, observando o fluxo da respiração e a atividade da nossa mente e do nosso corpo, sem nos envolvermos com essa atividade, estamos cultivando de forma paralela a calma e a atenção plena. Quando a mente desenvolve estabilidade e fica menos envolvida com o conteúdo do pensamento, fortalecemos a capacidade dela de se concentrar e ficar calma. E se reconhecermos um pensamento como um pensamento quando ele surgir, registrarmos o seu conteúdo e discernirmos a força do seu domínio sobre nós e a exatidão do seu conteúdo, a cada vez que o abandonarmos e voltarmos para a nossa respiração e a sensação do nosso corpo, estaremos fortalecendo a atenção plena. Passaremos a nos conhecer melhor e a ser mais tolerantes conosco, não como gostaríamos de ser, mas como efetivamente somos.

Jon Kabat-Zinn

11

Sétima Semana: a Bondade em Ação

Orientação

Pare um pouco para pensar no que você faz durante uma semana típica.

Nos espaços que se seguem, anote brevemente dez das atividades a que você costuma se dedicar em casa ou no trabalho. Um exemplo já foi incluído para você.

Veja se você consegue desmembrar grandes blocos de atividade — como "trabalho" ou "trabalhos domésticos" — em partes menores, como "conversar com colegas", "e-mails", "preparar refeições" ou "lavar a roupa".

Atividade 1 Tomar banho
Atividade 2 _____
Atividade 3 _____
Atividade 4 _____
Atividade 5 _____
Atividade 6 _____
Atividade 7 _____
Atividade 8 _____
Atividade 9 _____
Atividade 10 _____

Agora, considerando sucessivamente cada uma dessas atividades, faça a si mesmo estas duas perguntas:

1. Esta atividade melhora a minha disposição de ânimo, me dá energia, me revigora ou aumenta o meu sentimento de estar vivo? Se a resposta for "sim", coloque a letra R (de "revigorante") ao lado dela.
2. Esta atividade piora a minha disposição de ânimo, exaure a minha energia ou diminui o meu sentimento de estar vivo? Se a resposta for "sim", coloque um E (de "esgotar" ou "exaurir") ao lado dela.

O mais provável é que você acabe com algumas atividades com um R ao lado delas, outras com um E e outras sem nenhuma das duas letras.

Apesar de ser muito simples, esse exercício nos faz lembrar de uma coisa muito importante:

> O que você faz afeta a maneira como se sente.
> E, o que é mais importante, você pode mudar a maneira como você se sente mudando o que você faz.

Para aproveitar ao máximo essa estratégia, é importante recordar o que o exercício "O Escritório" (páginas 161-162) revelou: o mesmo evento ou atividade pode ter efeitos muito diferentes nos seus sentimentos, dependendo de uma série de outros fatores, como a disposição de ânimo em que você já se encontra, o significado que você atribui ao evento ou pensamentos inúteis que podem interferir na ocasião.

Enquanto não levarmos esses fatores em consideração, as medidas que tomarmos para melhorar a nossa disposição de ânimo não terão necessariamente os efeitos que pretendemos.

> Tentei usar a atividade no passado para me livrar da depressão, mas não a considerei muito eficaz.

Você não está sozinho nesse caso. Isso é muito sutil:
1. O tipo de atividade pode fazer uma grande diferença. Algumas atividades não são tão proveitosas; outras são mais eficazes. Às vezes é difícil saber de antemão.
2. A intenção por trás da atividade é crucial — voltaremos a tratar disso mais tarde.
3. O pensamento negativo pode mesmo solapar a atividade: é muito difícil quando temos uma voz interior dizendo "Isso não faz sentido — nada fará diferença"; "Não mereço fazer coisas para mim mesmo"; "Não sinto mais tanto prazer nas coisas quanto antigamente, então por que me dar ao trabalho?".

A MBCT lida com cada um desses problemas em potencial. Continue a ler!

A boa notícia é que, se você estiver efetivamente presente no momento, e for capaz de tomar decisões conscientes e inteligentes a respeito do que você precisa:

> Você poderá transformar a atividade em uma maneira simples porém poderosa de melhorar a disposição de ânimo e aumentar o bem-estar.

Pesquisas revelaram a animadora verdade de que o uso habilidoso da atividade, por si só, pode ser um tratamento eficaz para a depressão.

1. Atividades que ajudam: poder e prazer

Quando as pessoas se sentem pra baixo, exaustas e carentes de energia, constatou-se que dois tipos de atividade são maneiras particularmente eficazes de melhorar a disposição de ânimo:

1. Atividades de **prazer**: coisas que conferem uma sensação de alegria ou prazer — como telefonar a um amigo para bater papo, tomar um banho de banheira morno e demorado ou sair para dar uma volta.
2. Atividades de **poder**: coisas que conferem um sentimento de realização, satisfação ou controle — atividades como escrever uma carta, cortar a grama, fazer algo que você vinha adiando.

As atividades de poder podem não ser intrinsecamente prazerosas, mas alguma coisa no mundo fica diferente depois que as realizamos.

É importante saber que existe um *relacionamento bidirecional* entre as atividades de poder e prazer e se sentir pra baixo:

Por um lado, essas atividades podem levantar o astral.

Mas:

Por outro, à medida que a sua disposição de ânimo vai piorando, você fica propenso a gostar menos dessas atividades e provavelmente extrairá menos satisfação delas do que quando o seu estado de espírito está mais equilibrado.

Fica fácil então achar que essas atividades têm pouco a oferecer. No entanto, de modo crucial:

> Mesmo quando você está deprimido, você pode tirar proveito do vínculo entre a disposição de ânimo e as atividades de poder e prazer. Com cuidado, você pode alterar o equilíbrio do relacionamento bilateral de maneira que essas atividades melhorem o seu estado de espírito.

Como fazer isso?

O **Passo 1** é examinar a sua experiência do dia a dia a fim de descobrir as atividades de poder e prazer que **já** estão na sua vida.

Ter essas ferramentas **disponíveis de antemão** significa que elas estão presentes para quando você precisa delas no intuito de lidar com a depressão.

Talvez seja interessante refletir, neste momento, sobre a sua experiência pessoal e começar a elaborar uma lista de dez atividades de prazer (PR) e dez atividades de poder (PO), usando os formulários incluídos nesta e na próxima página.

É aceitável usar atividades que você tenha identificado como Revigorantes (R) no exercício anterior; o importante é começar (e você não precisa ter todas as dez neste momento!).

MINHA LISTA DE ATIVIDADES DE PRAZER (PR)

Exemplos: *visitar um amigo, assistir a um programa engraçado ou edificante na televisão, ouvir música, tomar um agradável banho morno de banheira, comer o seu prato favorito.*

PR Atividade 1 _____

PR Atividade 2 _____

PR Atividade 3 _____

PR Atividade 4 _____

PR Atividade 5 _____

PR Atividade 6 _____

PR Atividade 7 _____

PR Atividade 8 _____

PR Atividade 9 _____

PR Atividade 10 _____

MINHA LISTA DE ATIVIDADES DE PODER (PO)

Exemplos: *arrumar uma gaveta, pagar uma conta, colocar os e-mails em dia, lavar o carro, fazer alguma coisa que você vem adiando (por mais insignificante ou irrelevante que ela possa parecer).*

PO Atividade 1 _____

PO Atividade 2 _____

PO Atividade 3 _____

PO Atividade 4 _____

PO Atividade 5 _____

PO Atividade 6 _____

PO Atividade 7 _____

PO Atividade 8 _____

PO Atividade 9 _____

PO Atividade 10 _____

O **Passo 2**, agora que você criou as suas listas de atividades PR e PO, é entrelaçá-las no contexto da sua vida, enquanto a sua disposição de ânimo está relativamente positiva.

Criar atividades de poder e prazer na sua vida *antes* de ficar estressado, exausto ou deprimido significa que:
1. Elas estão ao seu alcance para levantar a sua disposição de ânimo assim que você notar que ela está piorando. Tê-las disponíveis significa que é mais provável que você pense nelas e continue com elas em face de pensamentos negativos como: por que devo me importar com alguma coisa?
2. A sua vida do dia a dia será mais feliz e satisfatória.

Sinta-se à vontade para copiar os formulários a fim de ter as listas com você.

> **Duas Maneiras de Inserir Atividades PO e PR no Seu Dia a Dia**
>
> **Estratégia 1: encaixe a atividade na sua programação diária ou semanal.**
> Por exemplo, uma maneira muito simples e comprovada de você cuidar do seu bem-estar mental e físico é fazer exercícios físicos diariamente; você deve ter como objetivo, no mínimo, caminhar 10 minutos por dia (você pode até mesmo fazer isso de uma forma consciente!). Além disso, se for possível, faça outros tipos de exercício, como alongamento consciente, yoga, natação, corrida, e assim por diante. Uma vez que o exercício esteja na sua rotina regular, você poderá se voltar para ele como uma resposta às disposições de ânimo deprimidas quando elas surgirem.
>
> **Estratégia 2: vincule atividades PO e PR a espaços de respiração de 3 minutos responsivos.**
> O espaço de respiração representa uma maneira de nos lembrarmos de usar a atividade para lidar com sentimentos desagradáveis quando eles surgirem. Vamos descrever inteiramente essa estratégia quando chegarmos à Prática diária.

2. A intenção é a chave

Anos de experiência com o emprego da atividade a fim de responder habilidosamente à depressão e aos estados de baixa energia sugerem que dois aspectos da intenção são fundamentais.

Fornecemos esses detalhes aqui para que você possa verificar se reconhece os mesmos padrões na sua própria experiência:

Na Depressão, a Motivação Funciona da Maneira Inversa

> Como as coisas funcionam de um modo diferente na depressão:
> 1. Quando você não está deprimido: você pode esperar até desejar fazer algo antes de efetivamente fazê-lo.
>   Na depressão, você tem de fazer algo *antes* de ser capaz de querer fazê-lo.
>
> **Dica**: é melhor não esperar até *ficar a fim* de fazer uma coisa antes de efetivamente fazê-la; em vez disso, veja se é possível fazê-la mesmo assim e verifique o que você descobre.
>
> 2. Quando você não está deprimido, se estiver cansado, o descanso pode revigorá-lo. Quando você está deprimido, descansar pode, na verdade, *aumentar* o cansaço.
>
> **Dica**: é melhor não desistir das atividades para descansar quando se sentir fatigado; em vez disso, veja se é possível permanecer ativo — continuando com as atividades, talvez até mesmo aumentando a atividade por um breve período —, mesmo que a sua disposição de ânimo e seus pensamentos pareçam dizer "não".

> **Joshua:** "Esta é a coisa mais importante que aprendi no curso da MBCT. Quando estou deprimido, eu me lembro das seguintes palavras: 'Na depressão, as coisas funcionam ao contrário'.
> Outros lemas que eu uso agora são:
> 'Não preciso gostar do que estou fazendo; tenho apenas de fazer'.
> 'Esperar me sentir melhor para tentar esclarecer as coisas não dá certo. Não é assim que as coisas funcionam.'
> Até mesmo técnicas motivacionais elementares, quando funcionam, são boas para mim. Consegui terminar um projeto enorme pedindo ao meu colega para colocar uma estrelinha dourada em um quadro se eu tivesse trabalhado trinta horas no projeto durante a semana (eu também estava trabalhando em tempo parcial em outro projeto na ocasião). Foi uma coisa à toa — mas realmente funcionou.
> Eu costumava achar que estava sendo idiota por usar essas técnicas. Mas depois me lembrei de algo que alguém disse em outro contexto: 'Se parece absurdo, mas funciona, não é absurdo'".

Katarina simplesmente adorava assistir a filmes. Mas, desde que havia ficado deprimida, ela tinha parado de ir ao cinema. Com pensamentos do tipo "Não estou interessada", "Vou me sentir estranha e sozinha" e "Prefiro esperar até sentir prazer em sair novamente", a sua motivação nunca era forte o bastante para tirá-la de casa.

Com a prática da atenção plena, Katarina percebeu a diferença entre a sua experiência de momento a momento e como os seus pensamentos representavam coisas. Isso ficou especialmente claro certa vez em que ela estava trabalhando com uma sensação dolorosa no ombro. Os seus pensamentos lhe diziam que a dor era insuportável — mas ela descobriu que *era capaz* de suportar a sensação inspirando nelas e soltando o ar a partir delas.

Usando isso como analogia, ela decidiu suspender as suas convicções e ir ao cinema assistir a um filme. Ela relatou que, embora se sentisse um pouco incomodada no início, a história aos poucos começou a atraí-la e ela se sentiu bem por voltar ao que costumava ser uma rotina reconfortante.

O filme não causou um impacto imediato no humor de Katarina, mas fez com que ela se envolvesse mais do que havia previsto. Como resultado, ela começou a programar atividades semanais e a levá-las até o fim, independentemente de se sentir ou não motivada. Ao se mostrar disposta a experimentar a ideia de que, na depressão, a motivação funciona ao contrário, Katarina possibilitou que o impacto das suas atividades recuperasse a sua motivação e a ajudasse lentamente a retomar a vida ativa.

A Delicadeza Cura; a Indelicadeza (Aversão) Atrapalha

Dê uma olhada nos dois cenários seguintes:

CENÁRIO 1

Tom: "Quando cheguei em casa ontem à noite e entrei no meu apartamento vazio, uma onda de tristeza e exaustão tomou conta de mim. Pude sentir que a minha disposição de ânimo estava despencando rapidamente. Eu me lembrei então que a atividade é uma maneira de ficar livre da depressão. Pensei nas minhas listas de atividades PO e PR e escolhi ouvir a minha música favorita como a que tinha maior probabilidade de melhorar o meu humor. Pus a música para tocar e me acomodei para escutá-la. No entanto, enquanto eu ouvia a música, dei comigo me perguntando: 'Isto está mesmo funcionando? A tristeza está indo embora?' e percebi que eu estava me concentrando na minha disposição de ânimo em vez de na música. Tive que ficar forçando, o tempo todo, a minha atenção a voltar para a música — mas a essa altura eu estava irritado comigo mesmo e frustrado porque a ideia de ouvir a música não estava funcionando. No final, tive de desistir; na verdade, acabei me sentindo pior em vez de melhor, o que me deixou com uma sensação de insatisfação que durou a noite inteira. Fiquei feliz quando pude ir para a cama e esquecer tudo aquilo".

CENÁRIO 2

Jim: "Quando cheguei em casa ontem à noite e entrei no meu apartamento vazio, uma onda de tristeza e exaustão tomou conta de mim. Pude sentir que a minha disposição de ânimo estava despencando rapidamente. Eu me lembrei então de que a atividade é uma maneira de cuidar de mim mesmo. Pensei nas minhas listas de atividades PO e PR e me perguntei 'Qual a melhor maneira de cuidar de mim mesmo neste momento?'. Escolhi ouvir a minha música favorita como uma maneira de me tratar com delicadeza, de me agradar naquele momento. Pus a música para tocar, assumi uma posição confortável e me acomodei para escutá-la. A minha mente divagou de tempos em tempos, mas tratei a mim mesmo com delicadeza. Pude sentir o alívio na minha mente e no meu corpo quando eles sentiram que finalmente estavam recebendo alguma atenção. Ideias sobre outras maneiras pelas quais eu poderia ter uma noite relaxada me vieram à cabeça. Quando a música terminou, notei que a tristeza e o desgaste tinham melhorado um pouco. Ocupei-me de uma coisa e outra pelo resto da noite, de maneira agradável, até a hora de me deitar".

Nesses dois cenários, temos a mesma atividade — "ouvir a minha música favorita" — com resultados muito diferentes produzidos por intenções distintas.

A intenção negativa de aversão — Tom usando a música com o objetivo de *se livrar* da tristeza e do baixo-astral (revelada na maneira como ele ficou checando o tempo todo para ver o seu humor estava melhorando) — simplesmente deu origem a mais aversão e a sentimentos desagradáveis.

A intenção positiva delicada — Jim usando a música como uma maneira de *cuidar* de si mesmo quando se sentiu triste e pra baixo — possibilitou que a cura ocorresse.

> *A maneira* como você usa as atividades de poder e prazer (o espírito da intenção por trás delas) é mais importante do que *o que* você faz.
>
> ***Da melhor maneira que você puder, com suavidade, veja se é possível se dedicar a atividades de poder ou prazer como um ato de delicadeza para consigo mesmo.***

Quando você se sentir pra baixo, com toda a sua energia indo embora ou exaurida, faça uma pausa e se pergunte: "Qual a melhor maneira de cuidar de mim mesmo neste momento?".

3. Pensamentos que atrapalham

"Existem coisas na vida com relação às quais não temos escolha, como ir trabalhar."

"Não fui criado para dedicar tempo a mim mesmo."

"Os meus pais são idosos e precisam de cuidados. Seria errado se eu me colocasse em primeiro lugar."

"Só podemos fazer alguma coisa boa para nós mesmos depois que as nossas obrigações para com os outros, ou com o nosso trabalho, tenham sido cumpridas."

"Estou tentando encontrar um equilíbrio entre ser mãe, cuidar da minha carreira, ser esposa e dona de casa. Onde eu poderia encontrar algum tempo para dedicar a mim mesma?"

Pensamentos como esses, com temas de desesperança ("É difícil demais"), aliados à culpa de reservar mais tempo para si mesmo, têm a probabilidade de enfraquecer a motivação de se envolver com ações que poderiam ser eficazes para aumentar o seu bem-estar.

Então, o que você pode fazer?

Jackie era enfermeira em uma ala movimentada de um hospital. Ela era constantemente requisitada para fazer uma coisa depois da outra. Simplesmente não parecia haver tempo para relaxar e, muito menos, para se sentar e meditar, mas ela começou a prestar mais atenção ao caos. Jackie notou que pequenos espaços se abriam, até mesmo nos momentos mais frenéticos. Ela disse, por exemplo, que precisara telefonar para uma pessoa em outro setor do hospital a fim de obter os resultados dos exames de um paciente. Ligou várias vezes, mas a ligação não foi atendida. Esse era um dos aspectos mais frustrantes do seu trabalho, ter que esperar que alguém de outro departamento atendesse ao telefone quando ela tinha tanta coisa para fazer. Ela começou a ficar zangada e a criticar a si mesma por ficar frustrada com tanta facilidade.

Foi quando ela parou. Ali estavam 30 segundos nos quais ela não poderia se apressar; era um momento de silêncio potencial no meio do ruído do dia. Jackie começou a usar a falta de resposta como uma oportunidade para realizar um espaço de respiração, para dar um passo atrás. Pouco a pouco, ela começou a reparar em muitas outras ocasiões nas quais poderia dar um passo atrás; por exemplo, quando empurrava um carrinho com medicamentos, o que limitava a velocidade do seu movimento ao longo do corredor, ou ao caminhar até a outra extremidade da ala no intuito de conversar com a família de um paciente. Antes disso, ela achava que a melhor maneira de praticar a meditação era fazendo uma pausa para o almoço ou indo até o banheiro. Agora, ela descobriu que podia procurar os espaços entre as atividades ao longo dia, espaços que transformavam os seus pensamentos, sentimentos e comportamento durante o restante das atividades do dia.

A atenção plena ajudou Jackie a:
1. "se voltar para" em vez de escapar ou evitar a sua experiência.
2. enxergar os pensamentos *como pensamentos* — e não acreditar piamente nos pensamentos que lhe diziam que ela era uma idiota por ficar frustrada.

Juntas, essas duas mudanças decisivamente importantes na maneira como ela lidava com as coisas possibilitaram que Jackie se envolvesse de modo criativo com a sua situação e encontrasse os espaços no meio da agitação nos quais ela poderia reservar um tempo para si própria até mesmo na sua vida frenética que tanto exigia dela.

O espaço de respiração responsivo de 3 minutos oferece uma maneira pela qual você pode fazer a mesma coisa na sua vida. Ele é um foco importante da prática diária desta semana.

Prática diária

Na sétima semana, pratique o que segue **durante seis dos próximos sete dias**:
1. Prática de Atenção Plena Sustentável
2. Espaço de Respiração de 3 Minutos — Regular
3. Espaço de Respiração de 3 Minutos — Responsivo: A Porta de Ação Consciente

Além disso:
4. Prepare um Plano de Ação

1. Prática de atenção plena sustentável

A partir das várias formas de prática de atenção plena formal que você examinou (*body scan*, meditação na posição sentada de duração e tipos variados, alongamento consciente, movimento consciente, caminhar consciente, espaços de respiração de 3 minutos — regular), verifique se é possível se decidir por um padrão de prática que você possa realisticamente manter quando as oito semanas do programa terminarem.

É aceitável ter práticas diárias diferentes nos dias da semana e nos fins de semana. O fundamental é que você reconheça as restrições efetivas do seu tempo e que respeite a prática da atenção plena como uma importante fonte de provimento diário para si mesmo.

> Sem se esforçar demais, encontre um padrão de prática com o qual você se sinta à vontade — não é necessário fazer esforços heroicos que não sejam sustentáveis. É melhor planejar menos (você sempre poderá adicionar outras coisas depois) do que fazer planos exagerados (que poderão fazer com que você desista completamente de tudo).

A cada dia, anote brevemente o que você pretendia fazer, o que você de fato fez e o que aprendeu sobre quanto esse nível de prática foi viável.

No final da semana, você terá a oportunidade de finalizar o padrão de prática que você pretende seguir a longo prazo.

MINHAS PRÁTICAS PARA A SEMANA

Primeiro dia:
Prática pretendida:

Prática efetiva:

Aprendi:

Segundo dia:
Prática pretendida:

Prática efetiva:

Aprendi:

Terceiro dia:
Prática pretendida:

Prática efetiva:

Aprendi:

Quarto dia:
Prática pretendida:

Prática efetiva:

Aprendi:

Quinto dia:
Prática pretendida:

Prática efetiva:

Aprendi:

Sexto dia:
Prática pretendida:

Prática efetiva:

Aprendi:

No final da semana, reserve um tempo para examinar e refletir a respeito do que você observou em cada dia. Depois, veja se é possível anotar por escrito o padrão de prática formal que você pretende manter de agora em diante. O quadro que se segue tem espaços nos quais você pode anotar brevemente os diferentes padrões para os dias da semana e os fins de semana. Mas sinta-se livre para usar o mesmo padrão para ambos se isso o fizer se sentir mais à vontade. Se você quiser, pode copiar o formulário para usar posteriormente.

Já escrevemos sobre os *espaços de respiração responsivos* que essa deve ser *sempre* a sua primeira reação todas as vezes que se conscientizar de haver tido sentimentos complicados ou desagradáveis.

Meu Padrão de Prática Diária

Dias da semana:
 1. *Espaços de respiração responsivos* _____
 2. _____
 3. _____

Fim de semana:
 1. *Espaços de respiração responsivos* _____
 2. _____
 3. _____

---

2. Espaço de respiração de 3 minutos — regular

Todos os dias desta semana, faça um espaço de respiração três vezes por dia, em ocasiões que tenha escolhido de antemão, exatamente como fez na semana passada.

Para acompanhar a sua prática, no final de cada dia, circule um **R** na tabela que se segue para cada um desses espaços de respiração que você fizer.

Primeiro dia	R R R	Quarto dia	R R R
Segundo dia	R R R	Quinto dia	R R R
Terceiro dia	R R R	Sexto dia	R R R

3. Espaço de respiração de 3 minutos — responsivo: a porta de ação consciente:

Na semana passada, introduzimos a imagem do espaço de respiração responsivo nos levando para um corredor no qual três portas — **reentrada, corpo, pensamentos** — nos ofereciam diferentes opções para o que fazer em seguida.

Nesta semana, introduzimos outra porta — a porta de ação consciente.

O Espaço de Respiração: A Porta de Ação Consciente

Quando você chegar ao fim de um espaço de respiração de 3 minutos — responsivo, depois de se reconectar com uma consciência expandida no terceiro passo, pode sentir que é apropriado praticar uma **ação ponderada**.

Pergunte a si mesmo: *O que preciso para mim mesmo agora? Qual a melhor maneira de cuidar de mim mesmo neste momento?*

Ao responder a sentimentos de depressão, as seguintes atividades poderão ser particularmente proveitosas:

1. **Faça alguma coisa prazerosa.** Escolha uma atividade da sua lista de atividades PR (prazer) (página 185) ou use qualquer outra atividade prazerosa que esteja disponível ou pareça apropriada.
2. **Faça algo que lhe proporcione um sentimento de poder, satisfação, realização ou controle.** Escolha uma atividade da sua lista de atividades PO (poder) (página 186) ou use qualquer outra atividade de poder que esteja disponível ou pareça apropriada. Lembre-se (a) de desmembrar tarefas em etapas ou blocos menores e lidar apenas com um passo de cada vez e (b) de passar alguns momentos realmente apreciando os seus esforços sempre que você completar uma tarefa ou parte de uma tarefa.
3. **Aja atentamente** (leia Permanecendo Presente, página 197). Sem esforço, concentre a atenção no que você estiver fazendo neste momento; deixe a sua mente descansar, prestando uma atenção particular às sensações no seu corpo. Você poderá achar produtivo descrever suavemente as suas ações para si mesmo (por ex., "Agora estou descendo a escada... consigo sentir o corrimão debaixo da minha mão... agora estou entrando na cozinha... estou acendendo a luz..."); ficar consciente da respiração enquanto faz outras coisas; permanecer consciente do contato dos seus pés com o chão enquanto você caminha.

Lembre-se

1. Procure executar a ação como uma experiência. Veja se é possível abandonar a tendência de avaliar de antemão como você se sentirá depois que ela estiver concluída. Mantenha a mente aberta sobre fazer isso ser de alguma maneira proveitoso.

> 2. Leve em consideração um conjunto de atividades e não se limite a algumas favoritas. Às vezes, experimentar novos comportamentos pode ser, por si só, algo interessante. "Explorar" e "investigar" frequentemente antagonizam o "retraimento" e o "recuo".
> 3. Não espere milagres. Execute o que você planejou da melhor maneira possível, sem fazer esforço. Aplicar pressão adicional em si mesmo, esperando que isso altere radicalmente as coisas, pode ser irrealista. Mais exatamente, as atividades são úteis para construir o seu senso de controle global diante das mudanças na sua disposição de ânimo.
> 4. Não há necessidade de esperar *estar com vontade* de praticar uma atividade — simplesmente vá em frente!

Todos os dias desta semana, além do espaço de respiração regular, faça um espaço de respiração *sempre que você notar que está tendo sentimentos desagradáveis* e, **pelo menos uma vez por dia**, explore a utilização da **porta de ação**, usando como orientação as sugestões da página 195.

Todos os dias, acompanhe a sua experiência com essa nova porta (*Qual era a situação? O que você fez? O que aconteceu?*) fazendo breves anotações:

Primeiro dia:

Situação: _____

_____

Ação: _____

_____

Resultado: _____

_____

> Eram mais ou menos três horas da tarde, eu estava no trabalho, começando a ficar cansada, e podia sentir a opressão aumentando. Eu me perguntei o que poderia fazer a respeito, mas os pensamentos que eu tive — "sair para fazer compras", "visitar um amigo" — eram irrealistas. Sendo assim, fiz um espaço de respiração — não fiz os 3 minutos inteiros, talvez apenas 1 minuto ao todo — e perguntei a mim mesma: "Qual a melhor maneira de cuidar de mim mesma neste momento?". E prontamente obtive uma resposta: "café consciente". Eu me "presenteei", como um ato de delicadeza, com 5 minutos nos quais eu realmente me concentrei na experiência de tomar uma xícara de café — mais ou menos como comer a uva-passa. Em seguida, voltei a trabalhar um pouco mais tranquila, com mais espaço na mente, renovada.

> Maravilhoso! Uma leve mudança na maneira como nos sentimos costuma ser suficiente para que "recomecemos" a partir de um lugar diferente.

Permanecendo Presente

Lembre-se de usar o corpo como um caminho para a consciência. Pode ser tão simples quanto permanecer consciente da sua postura. Você provavelmente está sentado enquanto lê estas linhas. Quais são as sensações no seu corpo neste momento? Quando você acabar de ler e se levantar, sinta os movimentos de ficar em pé, de caminhar até a sua próxima atividade ou de como você se deita no final do dia. Permaneça no seu corpo enquanto você se move, enquanto estende o braço para pegar alguma coisa, enquanto se vira. É simples assim.

Apenas pratique pacientemente o que está presente — e o corpo está sempre presente —, até que conhecer até mesmo os pequenos movimentos que você faz se torne uma segunda natureza. Se estiver estendendo o braço em direção a alguma coisa, você estará fazendo isso de qualquer jeito. Apenas observe o movimento de estender o braço. Você está se mexendo. Você consegue treinar a si mesmo para estar presente, para sentir o movimento?

É muito simples. Pratique repetidas vezes, levando a atenção de volta ao corpo. Esse esforço básico, que, paradoxalmente, é uma volta relaxante ao momento, nos fornece a chave para expandir a nossa consciência de períodos de meditação formal para uma vida consciente no mundo. Não subestime o poder que você obtém por sentir os movimentos simples do seu corpo ao longo do dia.

Joseph Goldstein

Segundo dia:

Situação: _____

Ação: _____

Resultado: _____

Eu estava me sentindo sobrecarregado e exausto por causa de todas as coisas que eu tinha de fazer, de modo que a ideia de fazer algo para sentir poder ou prazer parecia mais uma coisa na minha lista "tarefas". No entanto, mesmo assim, eu realizei um espaço de respiração e perguntei a mim mesmo: "O que eu preciso fazer por mim mesmo neste momento?". Tive a sensação bem clara de precisar de um intervalo, de paz, de um tempo para mim mesmo. Mas sabia que simplesmente me deitar no sofá conduziria à ruminação, de modo que optei por "descansar" em movimentos simples do corpo. Eu acabei apenas caminhando, atentamente, de um lado para o outro, de maneira bem lenta e delicada; isso foi bastante tranquilo e relaxante. Eu me senti bem cuidando um pouco de mim para variar.

Esse é um exemplo encantador do emprego do espaço de respiração com a mente aberta — acabar fazendo uma coisa que você não tinha previsto mas que se revelou exatamente o que você precisava. Excelente!

Terceiro dia:

Situação: _____

Ação: _____

Resultado: _____

> Eu tinha feito um espaço de respiração, aberto a porta de ação e decidido o seguinte: "Atividade de poder: cortar a grama", uma coisa que eu vinha adiando. Tenho dois gramados, e, para manter a tarefa executável, o meu objetivo era cortar a grama do menor. Concluí o trabalho relativamente em pouco tempo e fiquei contente comigo mesmo. Mas, em seguida, uma vozinha importuna na minha cabeça se intrometeu no assunto: "Isso não é uma grande coisa. Você não deveria cortar também a grama do maior?". Suspirei levemente, dei de ombros e estava prestes a recomeçar quando me lembrei do seguinte: o propósito de tudo isso é que eu cuide de mim mesmo. Sendo assim, fui gentil! Guardei a máquina de cortar grama, me sentei e pus os pés para cima. A sensação foi de um pequeno triunfo.

> Você fez algo extremamente importante! Sempre que você é gentil consigo mesmo em face do que você "deve fazer", "tem obrigação de fazer" e "precisa fazer", você planta as sementes de um novo modo de ser.

Lembre-se de dizer para si mesmo "bom trabalho" sempre que você concluir uma tarefa ou parte de uma tarefa.

Pode ser realmente proveitoso **desmembrar uma atividade em etapas menores, mais manejáveis**.

Você pode desmembrá-la com base no tempo (fazendo uma coisa durante apenas alguns minutos e, depois, dando a si mesmo permissão para parar) ou **na atividade** (fazendo apenas um aspecto de uma atividade maior, como limpar uma parte da escrivaninha, em vez da escrivaninha inteira) e, depois de cada etapa, fazer uma pausa para apreciar o que fez.

Quarto dia:

Situação: _____

_____

Ação: _____

_____

Resultado: _____

_____

> Ainda não estou bem certo do motivo pelo qual eu preciso fazer primeiro o espaço de respiração. Não seria mais fácil apenas executar de imediato uma atividade PO ou PR?

> Essa é uma coisa que você pode verificar por si mesmo, experimentando agir com e sem um espaço de respiração. Recomendamos que você sempre comece com um espaço de respiração porque, dessa maneira, a sua ação é proveniente do modo de ser, e não do modo de fazer. Isso significa que é mais provável que as ações resultem da delicadeza do que da aversão, e que elas sejam mais criativas, refletindo uma visão mais abrangente da situação. Além disso, você ficará mais propenso a encarar os pensamentos obstrutivos como pensamentos. E, é claro, depois de um espaço de respiração, você poderá descobrir que é mais apropriado abrir uma porta completamente diferente e deixar a porta de ação para outra ocasião.

O espaço de respiração é útil porque ele nos liga aos aspectos mais amplos do programa — ele "traz todos os seus amigos para a festa" (na forma de lembretes de tudo o que você aprendeu).

Quinto dia:

Situação: _____

_____

Ação: _____

_____

Resultado: _____

_____

> Eu andava me sentindo pra baixo já fazia um tempo e adquirira o hábito de não ver os meus amigos — isso parecia um esforço excessivo, e eu pensava que não gostaria de encontrá-los e que eles me achariam chata. Mas alguns deles me chamaram para comer fora. Os pensamentos habituais passaram pela minha cabeça, e eu estava a ponto de encontrar uma desculpa para não ir quando vi um caminhão de entrega de um supermercado com a frase "Faça uma coisa diferente hoje!" em letras laranja brilhantes. Sendo assim, fiz um espaço de respiração, abri a porta de pensamento, me lembrei de que "pensamentos não são fatos" e segui em frente, abrindo a porta de ação. Acabei me encontrando com os meus amigos — não foi fácil, mas eles ficaram tão felizes por me ver que fiquei realmente contente por ter me esforçado.

> Existem ocasiões em que agir é a coisa mais importante: ter simplesmente a coragem de fazer uma coisa que você não está a fim de fazer pode ser do que o seu corpo e a sua mente mais precisam.

Sexto dia:

Situação: _____

_____

Ação: _____

_____

Resultado: _____

_____

> Era um fim de semana, eu estava sozinho, fazia frio e chovia, e eu estava me sentindo infeliz. Eu me perguntei se não deveria fazer algo útil, mas tudo parecia requerer um esforço excessivo, de modo que resolvi descansar no sofá, o que não ajudou em nada. Finalmente decidi realizar um espaço de respiração e escolhi a porta de ação. Senti a necessidade de mover o meu corpo, mas a ideia de sair para andar na chuva não era interessante. No entanto, de algum lugar, veio um lembrete: "Na depressão, a motivação funciona ao contrário — apenas vá andar na chuva!". Foi o que fiz, e sabe o que mais?, eu realmente gostei do que fiz — o vento no meu cabelo e a chuva na minha pele me acordaram, e o próprio passeio pareceu desobstruir a minha mente. Caminhei por meia hora e depois telefonei para um amigo sugerindo que nos encontrássemos.

> É proveitoso lembrar que a disposição de ânimo melancólica afeta tanto o corpo quanto os pensamentos e os sentimentos — o exercício físico pode causar efeitos surpreendentemente poderosos na melhora do humor.

Levar o corpo a ficar ativo pode reverter a fadiga e a inércia da disposição de ânimo deprimida.

4. A preparação de um plano de ação

Na semana passada, você identificou os seus primeiros sinais de advertência — o padrão de indícios que o avisarão (e as pessoas à sua volta) que as coisas estão começando a se deteriorar e que está na hora de tomar medidas construtivas.

Nesta semana, o objetivo é desenvolver um plano concreto específico para o que você efetivamente vai fazer.

> Verifique se é possível envolver amigos e familiares de modo que vocês possam trabalhar juntos no desenvolvimento do seu plano de ação e para colocá-lo em prática nos momentos de necessidade.

Como você poderia responder mais habilmente ao notar os primeiros sinais de advertência?

Você talvez ache proveitoso refletir sobre a sua experiência ao longo dos anos, bem como rever as suas anotações neste manual. Ambas as coisas podem ser muito boas para lembrá-lo do que você fez e do que você descobriu ser proveitoso.

O que o ajudou no passado quando você estava começando a se sentir mal?

Qual poderia ser uma resposta hábil para a dor mental ou o humor melancólico que você está sentindo? Como você poderia responder melhor à confusão de pensamentos e sentimentos sem aumentá-la (incluindo o que você aprendeu neste curso)?

Como você poderia cuidar melhor de si mesmo neste momento difícil e doloroso (por ex., coisas que o reconfortariam, atividades que poderiam revigorá-lo, pessoas que você poderia procurar, pequenas coisas que você poderia fazer a fim de reagir de maneira sábia à sua angústia)?

_____
_____
_____
_____
_____
_____
_____
_____

No passado, *que obstáculos* o impediram de tomar medidas proveitosas para ajudar a si mesmo quando as coisas estavam começando a ficar fora de controle? Como você poderia lidar com esses obstáculos se eles surgirem no futuro?

_____
_____
_____
_____
_____
_____
_____
_____

Na página 205, você é convidado a resumir o que aprendeu ao fazer essas anotações, bem como com as anotações da semana passada sobre os primeiros sinais de advertência, em sugestões específicas para um *plano de ação* — algo que você possa usar como um sistema de referência para lidar com a situação tão logo você, ou seus amigos ou familiares, note os primeiros sinais de advertência.

Você talvez ache proveitoso escrever isso na forma de uma carta delicada para si mesmo, como se estivesse escrevendo a um amigo querido em dificuldades — nesse espírito, sugerimos um início do tipo: "Sei que você provavelmente não ficará entusiasmado com esta ideia, mas acho muito importante que você...".

Você talvez ache a seguinte estrutura proveitosa:

- **Passo 1**: comece sempre com um **espaço de respiração** — inserimos isso para você.
- **Passo 2**: escolha uma prática que você tenha considerado proveitosa no passado para **se animar da melhor maneira possível** (por ex., ouvir um áudio de movimento consciente, *body scan* ou meditação na posição sentada; lembrar a si mesmo o que você aprendeu no curso que foi proveitoso na ocasião; fazer frequentes espaços de respiração que conduzam a uma revisão de pensamentos; ler alguma coisa que o "reconecte" com a sua mente "mais sábia").
- **Passo 3: faça algo** que lhe confira uma sensação de *prazer* ou *poder* (escolhendo, por exemplo, nas suas listas de atividades PR e PO), mesmo que pareça inútil fazer isso. Desmembre as atividades em partes menores (por ex., executando apenas parte de uma tarefa ou fazendo-a apenas durante um intervalo curto e fácil de controlar).

O que você precisa nos momentos de dificuldade não é diferente do que você já praticou muitas vezes ao longo deste curso.

Meu Plano de Ação

Querido _____:

Sei que você provavelmente não vai ficar entusiasmado com esta ideia, mas acho muito importante que você faça alguma coisa tão logo você, ou aqueles à sua volta, note os seguintes sinais, os quais dizem que as coisas estão começando a ficar fora de controle:

1. _____ 2. _____
3. _____ 4. _____
5. _____

Recomendo as seguintes medidas:
- **Passo 1**: comece com um espaço de respiração.
- **Passo 2**: use essas práticas para se animar da melhor maneira possível:
  _____
  _____
  _____

- **Passo 3**: faça alguma coisa que lhe confira uma sensação de **prazer** ou **poder**:
  _____
  _____
  _____

Fique **atento** aos seguintes obstáculos que poderão bloquear a ação construtiva:
_____
_____
_____

O que você precisa neste momento não é diferente do que você já praticou muitas vezes ao longo do curso da MBCT.

Boa sorte!

Assinatura _____ Data _____

Quando os sentimentos parecerem opressivos

É bastante provável que haja dias em que os seus sentimentos o oprimam tão rapidamente que pareça impossível fazer algo a respeito.

Nessas ocasiões, é fundamental lembrar que, mesmo nessa situação, *existem* coisas que podem fazer a diferença — o mais importante é se reconectar a um sentimento de controle, por mais frágil que ele possa ser.

> Se você conseguir melhorar o seu humor neste momento em 1%, você terá feito uma mudança extremamente importante: a qualidade deste momento afeta o momento seguinte, o qual afeta o seguinte, e assim por diante...

Uma pequena mudança pode causar um grande impacto no final.

Steve: "Em várias ocasiões, precisei me afastar do trabalho por causa do estresse e da depressão relacionados com o próprio trabalho, inclusive durante um segundo semestre inteiro anos atrás. Usei grande parte dos tratamentos disponíveis para a depressão, entre eles a medicação, a terapia cognitiva (TC) e a MBCT — particularmente o body scan. Quando eu me sinto bastante pra baixo, eu me sinto realmente inútil — isso continua sempre. Uma das abordagens pouco proveitosas que eu usava quando estava muito deprimido era achar que permanecer cada vez mais no trabalho depois do expediente era a maneira de conseguir fazer as coisas. Não era. Essa é uma maneira de passar cada vez mais tempo fazendo cada vez menos coisas, no ambiente que provavelmente me deprimia mais naquela época.

Nesses momentos, não sou capaz de desenvolver uma 'estratégia abrangente de fazer tudo', e mesmo que fosse, eu não estaria em forma para fazê-lo mesmo se eu anotasse tudo no papel.

Nessas ocasiões, a minha estratégia é a seguinte: 'Steve — faça alguma coisa, qualquer coisa'. Percebo que essa QUALQUER COISA que é marginalmente útil faz com que eu comece a me sentir melhor. Pode ser algo insignificante, mas é realmente importante fazer alguma coisa, e, quando eu posso, envolvo um colega íntimo em quem confio. Um instante atrás eu poderia estar pensando que nunca mais seria capaz de fazer qualquer coisa útil. No entanto, se eu FIZER alguma coisa — mesmo que seja apenas jogar fora três jornais velhos — terei provado que a convicção total e esmagadora não é verdadeira".

O Dia de Verão

Quem fez o mundo?
Quem criou o cisne, e o urso preto?
Quem criou o gafanhoto?
Quero dizer, este gafanhoto —
aquele que saltou da grama,
aquele que está comendo açúcar na minha mão,
que está movendo a mandíbula para trás e para a frente em vez de
para cima e para baixo —
que está olhando ao redor com os seus olhos enormes e complicados.
Agora ele levanta os pálidos antebraços e lava completamente a cara.
Agora ele abre bruscamente as asas e parte planando.
Não sei exatamente o que é uma prece.
Eu sei como prestar atenção, como cair
na grama, como me ajoelhar na grama,
como ser ociosa e abençoada, como passear pelos campos,
que é o que estive fazendo o dia inteiro.
Diga-me, o que mais eu deveria ter feito?
Tudo não acaba morrendo cedo demais?
Diga-me, o que você planeja fazer
com a sua vida selvagem e preciosa?

Mary Oliver

12

Oitava Semana: e Agora?

Orientação

O que você planeja fazer com a sua vida selvagem e preciosa?

Como você vai responder a essa pergunta fundamental formulada por Mary Oliver no seu poema (página 207)?

Como o programa da MBCT pode ajudá-lo a realizar o profundo desejo do seu coração de ter mais felicidade, completude, satisfação e bem-estar?

A opinião das pessoas varia enormemente em relação ao que elas consideram mais importante na MBCT. Eis algumas das coisas que participantes anteriores disseram:

> "Estou menos irritado e exasperado com a minha filha de 18 anos. Consigo me relacionar com ela de uma maneira mais construtiva."

> "Agora eu tenho uma tática quando sinto que estou começando a ficar deprimido ou com baixo-astral."

> "Se eu me encarrego de alguma coisa, sinto que tenho os recursos, em vez de sempre ficar com medo de que as coisas não deem certo. Estou começando a achar que eu posso lidar com as situações."

> "A MBCT eliminou a vergonha que eu sentia a respeito de ter ficado deprimido e ansioso no passado, o que conduziu a uma maior autoaceitação."

> "Eu havia reprimido determinadas emoções por anos. Para realmente viver a minha vida, tive que senti-las. Toda a minha perspectiva com relação à vida mudou."

> "Descobri que tenho força interior."

É bem possível que grande parte do benefício que você obtere com o tempo e o esforço investidos na sua prática não esteja óbvio para você neste momento.

Na oitava semana, você tem a chance de refletir sobre a sua experiência com o programa: *O que você experimentou? O que você aprendeu? O que você mais valorizou?*

Colocar em palavras o que você descobriu pode fazer com que você recorde o processo e pode inspirá-lo enquanto avalia como incluir no restante da sua vida os frutos da sua paciência e persistência ao longo dessas últimas semanas.

Poderia a oitava semana assinalar não o fim do programa, e sim o início de uma jornada progressiva de descoberta consciente muito mais ampla?

> A verdadeira oitava semana é o restante da nossa vida.
> Jon Kabat-Zinn

Quando ensinamos a MBCT em uma turma, neste momento voltamos ao ponto de partida e fazemos um *body scan* — a primeira prática prolongada da primeira semana.

Se você não estiver participando de um curso, talvez queira fazer a mesma coisa agora, reentrando no modo de ser antes de continuar a refletir mais detalhadamente sobre a sua experiência no programa como um todo. Sinta-se à vontade para fazer isso com ou sem a voz orientadora do áudio que acompanha este livro.

O que você nota? De que maneira a sua experiência foi a mesma ou diferente daquela da primeira semana? (Talvez seja interessante dar uma olhada nas anotações que você fez na ocasião.) Anote quaisquer semelhanças e contrastes.

_____
_____
_____
_____
_____
_____
_____
_____

Agora, enquanto você recua um pouco, no intuito de refletir mais amplamente sobre a sua experiência no curso como um todo, você talvez ache proveitoso ter em mente estes dois objetivos abrangentes e interligados da MBCT:

Objetivo 1: ajudá-lo a reconhecer mais cedo e a responder mais habilmente aos padrões mentais habituais que criam a angústia emocional e o enredam em um persistente sofrimento emocional.

Objetivo 2: cultivar um novo modo de ser:
- um modo de ser que signifique que é menos provável padrões mentais destrutivos habituais serem ativados.
- um modo de ser que possibilite que você viva a sua vida com um bem-estar maior, com mais tranquilidade e satisfação.
- um modo de ser que esteja mais disposto a confiar na sabedoria interior da mente para orientá-lo, com delicadeza, na presença do tumulto emocional.

O que outras pessoas consideram mais proveitoso na MBCT? Você encontrará a seguir alguns dos temas que vêm à baila com mais frequência na opinião dos participantes.

Qual foi a importância desses temas para você?

Atribua uma nota de 1 a 10, sendo que 1 significa nada importante e 10 significa extremamente importante.

Tema	Nota (1 a 10)
Saber o que faz a disposição de ânimo piorar e reconhecer os primeiros sinais de advertência.	_____
Descobrir novas maneiras de abandonar padrões de pensamentos e sentimentos negativos.	_____
Encarar de uma maneira diferente os pensamentos e sentimentos negativos — como parte de pacotes emocionais, não como "eu".	_____
Sentir-me menos indefeso em face de emoções indesejadas.	_____
Sentir-me menos sozinho — perceber que muitas outras pessoas vivenciam a depressão ou outras emoções difíceis, que não sou o único a passar por isso.	_____
Ser mais delicado e menos crítico comigo mesmo.	_____
Valorizar-me mais — reconhecer e satisfazer as minhas próprias necessidades.	_____

Outra maneira de refletir a respeito da sua experiência é pensar nas características fundamentais do modo de ser da mente (páginas 34-37) e avaliar a importância que cada uma dessas características tem para você agora, usando a mesma escala de 1 a 10.

Viver com atenção e escolha consciente (*em comparação com* viver no "piloto automático"). _____

Conhecer a experiência diretamente por meio dos sentidos (*em comparação com conhecê-la* por meio do pensamento). _____

Ser livre aqui, agora, neste momento (em comparação com viver no passado ou no futuro). _____

Abordar todas as experiências com interesse (*em comparação com* evitar as desagradáveis). _____

Deixar que as coisas sejam como elas são (*em comparação com* precisar que elas sejam diferentes). _____

Encarar os pensamentos como eventos mentais (*em comparação com* necessariamente reais e verdadeiros) _____

Cuidar de si mesmo com delicadeza e compaixão (*em comparação com* se concentrar em alcançar metas sem considerar quanto isso vai custar para você ou para outras pessoas). _____

Anote brevemente quaisquer benefícios importantes que você sinta que a MBCT lhe proporcionou até agora (inclusive pequenos indícios de mudanças importantes, mesmo que estas ainda não tenham tido a chance de se manifestar plenamente):

_____
_____
_____
_____
_____
_____
_____
_____

Joanne: "Sou realmente grata pela experiência da atenção plena que vocês me proporcionaram. A atenção plena está causando em mim um impacto profundo e tranquilo. Acho que ela está trabalhando em silêncio debaixo da superfície.

Reparo agora que consigo aproveitar o momento com os meus filhos e mergulhar no que estamos fazendo juntos, em vez de viver nos meus pensamentos o meu dia no trabalho. Eu observo e me deixo conduzir por eles. Observo meu tédio ou minha irritação e consigo perceber que eles não são diferentes da maneira como a minha mente divaga na meditação, ou seja, que a minha mente se deslocou para uma tarefa adulta ou uma pressão, e eu deixo de estar completamente presente com os meus filhos.

Às vezes, prestar atenção a um sentimento, pensamento ou som pode me levar de volta a uma intensidade de sentimento e consigo recordar, pela primeira vez em anos, a sensação do vento no meu rosto quando eu era criança, as nuvens sobre a minha casa, e sentir novamente a energia física e emocional do otimismo e da alegria juvenis, de grandes possibilidades, de um mundo a ser descoberto. Essa é uma agradável surpresa para mim".

Ao refletir sobre os benefícios que você obteve ao praticar a atenção plena, você planta sementes de boa intenção que respaldarão a sua prática no futuro.

Olhando para a frente

Neste ponto, você deve considerar duas perguntas fundamentais:

1. **Por que eu** poderia desejar continuar com alguma forma de prática da atenção plena?
2. **Que forma** essa prática poderia assumir?

Vamos examinar primeiro o **por que**.

Por que Continuar a Praticar?

Eu realmente preciso continuar? Investi muito tempo e esforço durante oito semanas. Eu estava esperando que fosse só isso!

Isso é bastante compreensível, e é bastante provável que a sua vida ficasse diferente e melhor mesmo que você não se dedicasse mais a nenhuma prática formal de atenção plena.

NO ENTANTO, todas as evidências que nós temos indicam que as pessoas que mais se beneficiam com a MBCT a longo prazo são aquelas que continuam a se dedicar a alguma forma de prática da atenção plena — mesmo que seja apenas durante alguns minutos por dia.

Para desfrutar todos os benefícios do tempo e do esforço que você já investiu, é proveitoso se lembrar de que, exatamente como no aprendizado de um novo idioma, <u>um pouco de prática mantém uma nova habilidade viva e disponível</u>.

> Não sei por que eu <u>deveria</u> fazer qualquer prática ou permanecer atento ao que estou fazendo se às vezes não estou a fim disso. Se há uma coisa que eu aprendi é que as "obrigações" fazem parte do modo de fazer.

> Sem sombra de dúvida. A nossa experiência com outras pessoas indica que as "obrigações" não mantêm a prática ativa por muito tempo. A alternativa habilidosa é identificar alguma RAZÃO POSITIVA que o ajude a sustentar a sua prática, que lhe dê a motivação para fazê-la quer você esteja a fim ou não. É possível associar a intenção de continuar a praticar com alguma coisa pela qual você já se interesse profundamente?

Dar a si mesmo uma razão positiva para sustentar a prática da atenção plena, associada a alguma coisa pela qual você se interesse profundamente, pode ser extremamente fortalecedor.

IDENTIFICANDO UMA INTENÇÃO SINCERA PARA SUSTENTAR A PRÁTICA DA ATENÇÃO PLENA

Você talvez ache este exercício proveitoso:

Sente-se em uma posição confortável e relaxada; respire conscientemente algumas vezes para concentrar a mente e, se isso lhe trouxer uma sensação reconfortante, feche os olhos.

Deixe que a seguinte pergunta entre delicadamente na sua mente e no seu coração e permaneça suavemente na sua consciência:

"O que é mais importante para mim na minha vida [o que eu mais valorizo] que poderia ser favorecido pela prática?"

Deixe que a pergunta caia na sua mente como um seixo liso e redondo poderia cair em um poço profundo, ou lentamente, cada vez de modo mais profundo, através da água fria e transparente de um lago... Enquanto o seixo vai caindo, continue a manter a pergunta na consciência... Uma resposta poderá, ou não, surgir na sua mente.

Quando o seixo chegar ao fundo, deixe que ele descanse ali durante algum tempo, aberto a outras respostas que possam entrar na consciência.

Não há necessidade de pensar a respeito da pergunta, tentar decifrar a resposta ou procurar uma resposta rápida. Em vez disso, veja se é possível deixar que a consciência responda no tempo e do jeito dela, permitindo que as profundezas do seu ser processem a pergunta em um nível além da mente pensante habitual.

Quando você contemplar a pergunta pela primeira vez, é bem possível que não surja nenhuma resposta ou que surja uma resposta que, de alguma maneira, "não pareça a certa". Lembre-se de que se trata de algo a que você sempre poderá voltar mais tarde.

> Quando estiver pronto, respire um pouco mais profundamente e abra os olhos suavemente.
>
> Se você descobriu uma razão para praticar a atenção plena que esteja associada com alguma coisa pela qual você se interesse profundamente, anote-a a seguir a fim de que ela esteja disponível sempre que você precisar — para lembrá-lo, inspirá-lo novamente e religá-lo à sua razão sincera para praticar.

Da melhor maneira possível, pretendo continuar a praticar porque:

_____
_____
_____
_____
_____
_____
_____
_____

> **Joanne:** "Pretendo continuar a praticar alguma forma de atenção plena todos os dias porque a atenção plena me ajuda a me sentir mais próxima dos meus filhos, e essa é uma coisa pela qual eu me interesso profundamente. Durante as semanas do curso, eu parecia ter mais tempo para eles, eu estava de certa maneira mais disponível para eles — e estar com eles me deu muito mais prazer. Isso é engraçado, porque inicialmente eu estava preocupada, achando que o tempo que eu teria de dedicar à prática diária me afastaria dos meus filhos e do meu marido, mas, na verdade, o que ocorreu foi exatamente o oposto, eu me sinto bem mais próxima deles do que antes".

> **Cary:** "Valorizo estar na natureza, aprecio o sentimento de ver as folhas nas árvores e sentir o vento no meu cabelo... eu costumava levar o cachorro para passear, mas nunca reparava em nada à minha volta; aquilo havia se tornado apenas uma tarefa a ser feita... agora eu consigo me sentir bastante alegre. É isso que me interessa".

> **Mo:** "Valorizo a minha saúde física e mental. Consigo enxergar o vínculo entre isso e a atenção plena — ela me ajuda a lembrar de fazer yoga, a meditação andando e verificar o que, na minha vida, me revigora e o que me deixa esgotada".

> **A intenção clara é que nos leva a persistir, fazendo com que pratiquemos quer estejamos a fim ou não – não forçando a nós mesmos, mas nos lembrando do que verdadeiramente valorizamos.**

Na verdade, todos já temos dentro de nós uma motivação profundamente enraizada que pode sustentar a nossa prática e nos ajudar a agir quando surgem emoções dolorosas.

É o direito nato simples e precioso que todos compartilhamos: *nos interessarmos pelas pessoas – inclusive nós mesmos*.

É claro que, se você esteve deprimido no passado, ou se está deprimido agora, pode ser muito difícil reconhecer ou respeitar a intenção de cuidar de *si mesmo*. Você poderá sentir que não merece ser apreciado, ou poderá acreditar que, ao contrário de todas as outras pessoas, você simplesmente não tem essa capacidade inata de se interessar pelas pessoas.

Em ocasiões assim, é fundamental recordar que, assim como tudo o mais que você esteve explorando na MBCT, a intenção de se interessar, ou de ser gentil, pode ser cultivada, alimentada e fortalecida pela prática.

Como? Levando uma atenção consciente, tolerante e interessada para a sua experiência, até o limite que você conseguir, seja este qual for. Essa ação, em si, é um poderoso gesto de interesse, boa vontade e delicadeza.

> *Todas as vezes em que estamos verdadeiramente conscientes, alimentamos a preciosa intenção de nos interessarmos por nós mesmos e pelas outras pessoas.*

É claro que, até mesmo com a melhor das intenções de praticar, você provavelmente irá se deparar com bloqueios e obstáculos. Mas isso não significa que esses obstáculos tenham de mantê-lo emperrado.

Tomando como base a sua experiência anterior, quais você antevê que serão os seus maiores bloqueios ou obstáculos para continuar com a prática da atenção plena?

_____
_____
_____
_____

Tomando como base a sua experiência anterior, que estratégias poderiam ajudá-lo a contornar esses obstáculos?

_____
_____
_____
_____
_____

O "conteúdo" da continuação da prática: a prática diária

Eis diferentes maneiras de aprofundar o seu modo consciente de viver o dia a dia:

1. Um Pouco de Prática de Atenção Plena Formal
2. Um Pouco de Prática de Atenção Plena Informal
3. Alguns Espaços de Respiração de 3 Minutos – Responsivos

1. Um pouco de prática de atenção plena formal

Prossiga, o máximo que puder, com o padrão sustentável de prática formal diária pelo qual você se decidiu na semana passada (página 194).

É bem possível que você sinta necessidade de fazer algumas mudanças nesse padrão à luz da futura experiência. Isso é perfeitamente aceitável; o importante é que o padrão seja sustentado diariamente, a longo prazo.

Você poderá considerar proveitoso reavaliar o seu padrão de prática diário mais ou menos a cada três meses, ajustando-o quando necessário. Anotar na sua agenda a intenção de fazer uma reavaliação em uma data daqui a três meses pode ser um lembrete útil.

> **Lexy:** "Perto do final do curso da MBCT, preocupei-me em incorporar a atenção plena à minha rotina diária. Decidi dedicar algum tempo à minha agenda a fim de escolher momentos que eu poderia reservar para os exercícios de atenção plena.
>
> Inicialmente, eu me ative a esses horários. No entanto, à medida que o tempo foi passando, descobri que os exercícios se tornaram uma parte natural da minha rotina diária. Normalmente, começo o dia fazendo de 10 a 15 minutos de body scan ou meditação na posição sentada. Uso o espaço de respiração quase todos os dias, geralmente quando estou indo e voltando do trabalho. Ele é especialmente proveitoso para as ocasiões estressantes do dia. No caso das práticas de meditação mais longas, estou recorrendo cada vez menos aos áudios.
>
> Acho que a atenção plena diária é um conceito fantástico. Eu me dedico normalmente às minhas tarefas e atividades do dia, mas escolho executá-las com atenção.
>
> O curso da MBCT é brilhante porque ensina uma série de diferentes técnicas de atenção plena, proporcionando-nos escolhas a respeito de quais as que se encaixam melhor na nossa vida.
>
> Já pratico a atenção plena há aproximadamente dois anos e notei algumas mudanças muito positivas. Antes de reagir a uma situação, eu consigo me firmar nesse momento. Eu me sinto mais em contato com a maneira como estou me sentindo tanto física quanto emocionalmente. A atenção plena causou em mim um enorme efeito calmante e transformou a minha perspectiva com relação à vida".

Algumas Dicas que Outros Participantes Acharam Proveitosas para Manter uma Prática Diária Formal de Atenção Plena

- **Pratique um pouco, mesmo que por um período muito curto, todos os dias.** A "cotidianidade" da prática é imensamente importante como uma maneira de manter a atenção plena vigorosa, disponível, pronta para você sempre que você precisar mais dela — porque você nunca sabe quando isso vai acontecer!
- O internacionalmente respeitado professor de meditação Joseph Goldstein recomenda que os seus alunos se sentem para meditar todos os dias — **mesmo que apenas por 10 segundos**. A experiência sugere que, na maioria dos casos, esses 10 segundos serão suficientes para estimulá-lo a meditar por mais tempo.
- **Se possível, faça a prática na mesma hora, no mesmo lugar, todos os dias.** Desse modo, a atenção plena se incorpora à estrutura da sua rotina diária. Depois, exatamente como acontece com escovar os dentes, você não terá mais de refletir se vai ou não fazê-la — você faz porque é o que você sempre faz nessa altura da sua rotina.
- **Encare a prática como cuidar de uma planta.** Dê a ela um pouco de água todos os dias, em vez de um balde cheio uma vez por mês! Assim como acontece com a planta, alimentar a sua prática com cuidado e atenção sistemáticos possibilitará que ela cresça e que o potencial natural dela para o encanto desabroche.
- **Encare a prática como uma maneira de se reconfortar, em vez de outra coisa na sua lista "de coisas a fazer".** Lembre-se de que a prática nem sempre *parecerá* reconfortante — deixe, o mais possível, que a prática *seja como ela é*, abandonando as ideias a respeito de como *ela deveria ser* e deixando de considerá-la parte de um "projeto" de autoaperfeiçoamento.
- **Explore maneiras de se inspirar repetidamente para praticar.** Releia este manual de vez em quando. Leia outros livros afins ou ouça palestras e meditações guiadas na Internet (consulte a seção Recursos para obter sugestões).
- **Explore maneiras de praticar com outras pessoas.** Praticar regularmente com outras pessoas — frequentemente chamado de "grupo de meditação" — é uma das maneiras mais poderosas de manter a sua prática viva e vigorosa. Se você aprendeu a MBCT com um grupo, fique atento às oportunidades de reuniões e dias de prática. Todos podem se beneficiar ao encontrar um "colega" de atenção plena com quem possam praticar e compartilhar experiências de tempos em tempos. *Mesmo que seja apenas uma pessoa, se unir para praticar e compartilhar experiências é imensamente e, não raro surpreendentemente, solidário.*
- **Lembre-se de que você sempre pode recomeçar.** A essência da prática da atenção plena é abandonar o passado e recomeçar em cada novo momento (como você já praticou inúmeras vezes ao voltar para a respiração depois de a mente ter divagado). Da mesma maneira, se você constatar que não tem praticado ultimamente, em vez de se criticar ou ficar ruminando a respeito do motivo, apenas *recomece, nesse exato momento, fazendo um espaço de respiração de 3 minutos.*

2. Um pouco de prática de atenção plena informal

Lexy: "A atenção plena diária é um conceito fantástico. Eu me dedico normalmente às minhas tarefas e atividades do dia, mas escolho executá-las com atenção."

Intrinsecamente, a atenção plena não é difícil — o desafio no dia a dia é *se lembrar* de permanecer atento.

Então, qual a melhor maneira de eu me ajudar a lembrar que devo permanecer atento todas as horas, todos dias?

Procure encarar a intenção de permanecer atento de uma maneira descontraída, em vez de encarar isso como uma coisa que você "tem" que fazer.

Você talvez ache útil colocar como lembrete pontos vermelhos ou adesivos post-it em lugares nos quais vá reparar neles (como no telefone) ou fazer o download de um sino de atenção plena que toque no seu computador ou smartphone durante o dia no intuito de convidá-lo a se reconectar com o aqui e o agora, ou fazer um espaço de respiração (consulte a seção Recursos).

O professor de meditação Larry Rosenberg oferece estes Cinco Lembretes para a Prática da Atenção Plena ao longo do Dia:

1. Sempre que possível, faça apenas uma coisa de cada vez.
2. Preste total atenção ao que você estiver fazendo.
3. Quando a sua mente se afastar do que você estiver fazendo, traga-a de volta.
4. Repita o passo número três vários bilhões de vezes.
5. Investigue as suas distrações.

Você talvez também considere proveitoso rever essas práticas de tempos em tempos como um lembrete de outras possibilidades para a atenção plena informal diária:

Prestar atenção às atividades rotineiras primeira semana, páginas 67-69; segunda semana, páginas 88-89.
Agenda de experiências agradáveis, páginas 89-93.
Agenda de experiências desagradáveis, páginas 113-117.
Permanecendo presente, página 197.
Caminhar consciente, páginas 137-140.

Algumas Dicas para a Atenção Plena Diária

- Ao acordar pela manhã, antes de sair da cama, leve a atenção para a respiração. Respire conscientemente cinco vezes.
- Observe as mudanças na sua postura. Conscientize-se de como o seu corpo e a sua mente se sentem quando você está deitado e se senta, fica em pé, começa a andar. Repare, todas as vezes que fizer, na transição de uma postura para outra.
- Sempre que ouvir um telefone tocar, um pássaro cantar, um trem passar, um riso, a buzina de um carro, o vento, o som de uma porta se fechando, use qualquer som como o sino da atenção plena. Realmente escute e esteja presente e desperto.
- Ao longo do dia, reserve alguns momentos para levar a atenção para a respiração. Respire conscientemente cinco vezes.
- Sempre que você comer ou beber alguma coisa, pare um pouco e respire. Olhe para a comida e compreenda que ela estava ligada a alguma coisa que nutria o crescimento dela. Você consegue ver a luz do sol, a chuva, a terra, o agricultor, o caminhoneiro na sua comida? Preste atenção enquanto comer, conscientemente consumindo esse alimento para a sua saúde física. Conscientize-se de estar vendo a comida, sentindo o cheiro da comida, saboreando a comida, mastigando a comida e engolindo a comida.
- Observe o seu corpo enquanto você anda ou fica em pé. Repare por alguns instantes na sua postura. Preste atenção ao contato dos seus pés com o chão embaixo deles. Sinta o ar em seu rosto, nos braços e nas pernas enquanto você caminha. Você está apressado?
- Conscientize-se de que está ouvindo e falando. Você consegue ouvir sem concordar ou discordar, gostar ou não gostar, ou planejar o que vai dizer quando chegar a sua vez? Ao falar, você consegue apenas dizer o que precisa dizer sem exagerar ou atenuar os fatos? Você consegue notar como a sua mente e o seu corpo se sentem?
- Sempre que você estiver esperando em uma fila, use esse tempo para reparar na sua posição em pé e na respiração. Sinta o contato dos seus pés com o chão e como o seu corpo se sente. Leve a atenção para o subir e descer do abdômen. Você está se sentindo impaciente?
- Conscientize-se de quaisquer pontos de tensão no seu corpo ao longo do dia. Veja se consegue inspirar neles e, ao soltar o ar, livre-se do excesso de tensão. A tensão está armazenada em alguma parte do seu corpo? Por exemplo, no pescoço, nos ombros, no estômago, no maxilar ou na região lombar? Se possível, faça um alongamento ou yoga uma vez por dia.
- Concentre a atenção nas suas atividades cotidianas, como escovar os dentes, tomar banho, pentear o cabelo, calçar os sapatos, fazer o seu trabalho. Leve a atenção plena para cada atividade.
- Antes de ir dormir, reserve alguns minutos para direcionar a atenção à respiração. Respire conscientemente cinco vezes.

Madeline Klyne

3. Alguns espaços de respiração de 3 minutos — responsivos

O espaço de respiração é a prática mais importante de todo o programa da MBCT: é a sua maneira de mudar para o modo de ser quando você mais precisar fazer isso.

Deixe que ele seja a sua primeira resposta sempre que você se der conta de que está ficando enredado em sentimentos desagradáveis e confusos, desequilibrado ou preocupado.

A fim de manter essa prática vital plenamente viva e disponível, sugerimos que você **faça pelo menos um espaço de respiração responsivo** *todos os dias* — com a vida sendo como é, provavelmente não irão faltar oportunidades para praticar! Eis um lembrete dos principais passos (para mostrar a importância de configurar a sua postura, chamamos este passo de Passo 0):

O Espaço de Respiração Responsivo

Passo 0: Muito conscientemente, assuma uma postura ereta e digna.

↓

Passo 1: Reconheça e admita a sua experiência atual: pensamentos, sentimentos, sensações corporais.

↓

Passo 2: Concentre a atenção nos movimentos da respiração.

↓

Passo 3: Expanda a consciência para o corpo como um todo e, depois, para toda a experiência atual.

↓

Entre no corredor onde estão as portas e faça uma escolha.

Reentrada	Corpo	Pensamentos	Ação
Reentre mentalmente na situação original com um novo modo mental.	Conscientize-se de uma maneira aberta e amigável das sensações corporais associadas à dificuldade.	Aborde conscientemente quaisquer padrões de pensamentos negativos como eventos mentais.	Cuide de si mesmo com prazer, poder ou ação consciente.

Ao encerrar

Chegamos ao final desta parte da nossa jornada.

A prática da atenção plena oferece, se escolhermos nos dedicar a ela, um caminho que continua à frente — um caminho de descoberta que pode revelar maneiras inteiramente novas de estar no mundo, maneiras que permaneceram até agora, para muitos de nós, em grande medida inexploradas e até sem ser experimentadas.

Podemos descobrir que é possível, por mais estranho que pareça, ser amigos de nós mesmos como nós somos, neste momento, em vez de nos esforçar para ser outra pessoa ou estar em outro lugar.

Podemos ver que, uma vez que o implacável crítico interior tenha sido reconhecido, o seu grito insistente não é a única voz existente; que também há uma voz mais quieta, mais sábia e mais perspicaz que enxerga de modo mais claro, e com mais delicadeza, o que deve ser feito, até mesmo nas situações mais difíceis.

A meditação não envolve nos distanciarmos da vida e das nossas emoções. Ela envolve uma verdadeira participação, a fim de que sejamos capazes de viver de modo autêntico, de sentir profundamente e agir com compaixão.

Todos podemos nos tornar estranhos para nós mesmos com muita facilidade.

A atenção plena oferece um caminho para casa.

Nós lhe desejamos tudo de bom enquanto você continua a sua jornada especial de descoberta dia a dia, de momento em momento.

Amor Depois de Amor

Chegará o dia
em que, com euforia,
você saudará a si mesmo chegando
à sua própria porta, ao seu próprio espelho
e cada um sorrirá para as boas-vindas do outro,

e dirá, sente-se aqui. Coma.
Você amará novamente o desconhecido que era o seu eu.
Ofereça vinho. Ofereça pão. Devolva o seu coração
para si mesmo, para o desconhecido que o amou

a vida inteira, que você desprezou
por outro, que o conhece de cor.
Pegue as cartas de amor da estante de livros,

as fotografias, os bilhetes desesperados,
Dispa a sua própria imagem do espelho.
Sente-se. Banqueteie-se na sua vida.

Derek Walcott

Recursos

Como encontrar um grupo de MBCT

Se você não está participando de um grupo da MBCT, mas gostaria de explorar a possibilidade de se juntar a um, a maneira mais fácil é fazer uma busca na Internet.

Você pode fazer isso com o Google ou outro mecanismo de busca. Use sequências de busca como [terapia cognitiva baseada na atenção plena + "sua localização"], [redução do estresse baseada na atenção plena + "sua localização"] ou [terapia de atenção plena + "sua localização"].

Isso deverá revelar resultados sobre recursos de atenção plena na sua comunidade. Você poderá então perguntar mais especificamente a respeito de grupos de MBCT.

Existem também vários *websites* que relacionam instrutores de MBCT que oferecem grupos em cidades específicas no mundo inteiro. Alguns podem ser encontrados em "Resources" em *www.mbct.com/Resources_Main.htm*.

Talvez você goste de saber que também pode fazer o curso de MBCT *on-line* em: *www.bemind fulonline.com*.

Leitura adicional

Mais sobre programas baseados na atenção plena

Germer, C. *The Mindful Path to Self-Compassion*. Nova York: Guilford Press, 2007.
Oferece uma orientação proveitosa ao abordar a autorrecriminação, a crítica e o perfeccionismo, desenvolvendo respostas compassivas e de atenção plena às dificuldades.
Kabat-Zinn, J. *Full Catastrophe Living: Using the Wisdom of Your Body and Mind to Face Stress, Pain and Illness* (Segunda Edição). Nova York: Bantam Books Trade Paperbacks, 2013.
Trata-se de uma edição revista e atualizada do texto clássico original, que descreve primeiro o programa de Redução do Estresse Baseada na Atenção Plena (MBSR), no qual a terapia cognitiva baseada na atenção plena se fundamenta.
Orsillo, S., & Roemer, E. *The Mindful Way through Anxiety*. Nova York: Guilford Press, 2011.
Esse livro foi especificamente escrito para pessoas que sofrem de ansiedade e temores perturbadores e desejam aprender como a integração de técnicas de exposição tradicionais com treinamento de atenção plena pode ajudá-las a viver mais plenamente.

Williams, J. M. G., Segal, Z. V., Teasdale, J. D. e Kabat-Zinn, J. *The Mindful Way through Depression: Freeing Yourself from Chronic Unhappiness.* Nova York: Guilford Press, 2007.

Oferece uma descrição narrativa ampliada dos antecedentes, ideias, práticas e efeitos da MBCT no programa de depressão. Inclui meditações guiadas narradas por Jon Kabat-Zinn.

Williams, M. e Penman, D. *Mindfulness: A Practical Guide to Finding Peace in a Frantic World.* Londres: Piatkus, 2011.

Esse livro genérico descreve como a prática da atenção plena pode ser ampliada no intuito de lidar com estados mentais comuns, mais brandos, como a preocupação e a infelicidade. Ele se concentra em cultivar um sentimento de paz e bem-estar em meio à agitação da vida corriqueira. Inclui *downloads* de meditações curtas, narradas por Mark Williams; consulte *www.franticworld.com*).

O Manual da MBCT

Segal, Z. V., Williams, J. M. G., e Teasdale, J. D. *Mindfulness-Based Cognitive Therapy for Depression*, Segunda Edição. Nova York: Guilford Press, 2013.

É o manual completo que os profissionais de saúde usam como a base do ensinamento da MBCT. Esse é o livro caso você deseje realmente se aprofundar na história, nas ideias, nas práticas, nas pesquisas e no ensinamento do programa.

Mais sobre a atenção plena

Kabat-Zinn, J. *Wherever You Go, There You Are: Mindfulness Meditation in Everyday Life.* Nova York: Hyperion Press, 1994.

Kabat-Zinn, J. *Coming to Our Senses: Healing Ourselves and the World Through Mindfulness.* Nova York: Hyperion Press, 2005.

Hanh, T. N. *The Miracle of Mindfulness.* Boston: Beacon Press, 1976.

Henepola, G. *Mindfulness in Plain English.* Somerville, MA: Wisdom Publications, 1992.

Consulte também *www.oxfordmindfulness.org*, *www.mbct.com* e *www.bemindful.co.uk*.

Aceitação e delicadeza

Brach, T. *Radical Acceptance.* Nova York: Bantam Books, 2004.

Salzberg, S. *Lovingkindness: The Revolutionary Art of Happiness.* Boston: Shambhala Publications, 1995.

A prática da meditação de insight

As aplicações baseadas na atenção plena (como MBSR e MBCT) estão estreitamente relacionadas com a tradição ocidentalizada da meditação de insight. Essa abordagem da meditação não se concentra em distúrbios emocionais particulares, visando reduzir o sofrimento e expandir a liberdade do coração e da mente de uma maneira mais geral.

O livro *Seeking the Heart of Wisdom*, de Joseph Goldstein e Jack Kornfield (Boston: Shambhala Publications, 2001), oferece uma excelente descrição introdutória.

Se você desejar explorar a prática dessa abordagem por conta própria, recomendamos o seguinte:

Goldstein, J. e Salzberg, S. *Insight Meditation Kit: A Step by Step Course on How to Meditate.* Louisville, CO: Sounds True Audio, 2002.

Caso você pretenda explorar mais profundamente essa abordagem, é melhor receber os ensinamentos diretamente de um professor de meditação com experiência nessa tradição. Vários centros oferecem essa possibilidade.

Consulte as seguintes instituições a fim de obter mais detalhes.

Na América do Norte:

Insight Meditation Society em Barre, Massachusetts
www.dharma.org
Spirit Rock em Woodacre, California
www.spiritrock.org

Na Europa:

Gaia House em Devon, Inglaterra
www.gaiahouse.co.uk

Na Austrália:

Australian Insight Meditation Network
www.dharma.org.au

Outros *websites* que oferecem recursos sobre a atenção plena

www.oxfordmindfulness.org
Website do Centro de Atenção Plena da Universidade de Oxford, com links para outras universidades no Reino Unido que ensinam a atenção plena (por exemplo, Bangor, Exeter) e *links* para muitos outros recursos (como meditações guiadas e podcasts) para ajudá-lo.

www.stressreductiontapes.com
Para fitas/CDs de práticas de meditação gravados por Jon Kabat-Zinn.

www.mindfulnessdc.org/bell/index.html
Um website que permite a você ajustar um sino como lembrete a fim de ficar atento ao longo do dia.

www.umassmed.edu/cfm
Website do Centro de Atenção Plena da Escola de Medicina da Universidade de Massachusetts.

www.mentalhealth.org.uk
Mental Health Foundation: relatório sobre a MBCT; acesso ao material sobre atenção plena em "Be Mindful" e "Wellbeing podcasts".

Notas

Capítulo 1: Seja bem-vindo

Página 15

A MBCT foi testada em pesquisas e se revelou eficaz em casos de depressão, bem como ansiedade e vários outros problemas: valendo-se de seis testes randomizados de 593 pacientes, uma metanálise conduzida por J. Piet e E. Hougaard ("The effect of mindfulness-based coginitive therapy for prevention of relapse in recurrent major depression: A systematic review and meta-analysis" ["O efeito da terapia cognitiva baseada na atenção plena para a prevenção da recaída na depressão grave periódica: uma análise crítica sistemática e metanálise"], *Clinical Psychology Review* 2011; 31: pp. 1032-040) relatou que a MBCT reduziu de modo significativo o risco da recaída, em comparação com a permanência com os cuidados usuais, em 43% para participantes com três ou mais episódios anteriores de depressão. Eles também informaram que a MBCT e a medicação antidepressiva reduziram o risco de recaída em um grau semelhante.

Em uma segunda metanálise, S. G. Hofman e colegas ("The effect of mindfulness-based therapy on anxiety and depression: A meta-analytic review" ["O efeito da terapia baseada na atenção plena sobre a ansiedade e a depressão: análise crítica metanalítica"], *Journal of Consulting and Clinical Psychology* 2010; 78: pp. 169-83) inspecionaram 1.140 pacientes que receberam intervenções baseadas na atenção plena para vários problemas de saúde mental e examinaram reduções nos sintomas de ansiedade e depressão, em vez de verificar se uma pessoa tinha tido ou não uma recaída. Tratamentos que ofereciam um treinamento da atenção plena, do qual a MBCT é um exemplo proeminente, tiveram efeitos grandes e semelhantes tanto no caso de sintomas da ansiedade quanto da depressão. Esses benefícios foram mantidos depois do ponto em que os pacientes não estavam mais recebendo o tratamento.

Talvez o endosso mais convincente para a MBCT venha do National Institute for Health and Care Excellence (NICE), do Reino Unido, um organismo nacional independente que oferece diretrizes clínicas para cuidados baseados em evidências a pacientes que usam o National Health Service. As diretrizes são formuladas por meio de rigorosa análise de estudos empíricos e clínicos sobre um problema médico ou psiquiátrico particular, e as recomendações refletem os tratamentos que têm mais apoio. A partir de 2002, as diretrizes do NICE para a depressão unipolar têm sistematicamente endossado a MBCT como forma eficaz para a prevenção da recaída e da reincidência.

Página 16

A MBCT é eficaz. Consulte a nota para o Capítulo 1, página 15.

Página 17

Dois processos críticos situados na origem da depressão e de muitos outros problemas emocionais: (1) a tendência de pensar em excesso, ruminar ou se preocupar demais a respeito de algumas coisas, aliada à **(2) tendência de evitar, reprimir ou afastar outras coisas.** Para a tendência de pensar em excesso, ruminar etc., consulte Nolen-Hoeksema, S., *Overthinking: Women Who Think Too Much.* Nova York: Holt, 2002. Para a tendência de evitar etc., consulte Hayes, S. C. e colegas, Experiential avoidance and behavioural disorders: A functional dimensional approach to diagnosis and treatment [Esquiva experiencial e distúrbios comportamentais: uma abordagem dimensional funcional do diagnóstico e tratamento]. *Journal of Consulting and Clinical Psychology*, 1996, *64*, pp. 1152-168.

Página 18

As pesquisas estão constantemente expandindo a gama de problemas emocionais beneficiados pela MBCT. Consulte a página 407 em Segal, Z. V., Williams, J. M. G. e Teasdale, J. D., *Mindfulness-Based Cognitive Therapy for Depression: A New Approach to Preventing Relapse* (Segunda Edição). Nova York: Guilford Press, 2013.

Página 19

Existem também crescentes evidências de que a MBCT pode ajudar as pessoas quando elas estão no meio de uma depressão. Consulte, por exemplo, J. R. van Aalderen e colegas, The efficacy of mindfulness-based cognitive therapy in recurrent depressed patients with and without a current depressive episode: A randomized controlled Trial [A eficácia da terapia cognitiva baseada na atenção plena em pacientes com depressão recorrente com e sem um episódio depressivo atual: um teste randomizado controlado]. *Psychological Medicine*, 2012, *42*, pp. 989-1001.

Os padrões mentais. Teasdale, J. D. e Chaskalson, M. How does mindfulness transform suffering? I: The nature and origins of *dukkha* [Como a atenção plena transforma o sofrimento? A natureza e as origens de dukkha]. Contemporary *Buddhism: An Interdisciplinary Journal*, 2011, *12* (1), pp. 89-102. Copyright © 2011 Taylor and Francis.

Capítulo 2: Depressão, infelicidade e angústia emocional: por que ficamos emperrados?

Página 24

Pesquisas que usaram essa lista de palavras descobriram uma coisa muito importante. Teasdale, J. D. e Cox, S. G. Dysphoria: Self-devaluative and affective components in recovered depressed patients and never depressed controls [Disforia: componentes de autodesvalorização e afetivos em pacientes deprimidos recuperados e em membros do grupo de controle que nunca estiveram deprimidos]. *Psychological Medicine*, 2001, *31*, pp. 1311-316.

Página 25

As disposições de ânimo e os sentimentos podem desencadear padrões "compatíveis" de pensamento, memória e atenção. Consulte, por exemplo, Fox, E. *Emotion Science: Neuroscientific and Cognitive Approaches to Understanding Human Emotions*. Basingstoke, Reino Unido: Palgrave Macmillan, 2008.

Página 27

Ruminar nos faz sentir ainda pior. Consulte Nolen-Hoeksema, S. *Overthinking: Women Who Think Too Much*. Nova York: Holt, 2002.

Capítulo 3. Fazer, ser e a atenção plena

Página 33

Ser e fazer foram inicialmente discutidos com relação a aplicações baseadas na atenção plena por Jon Kabat-Zinn no seu livro de 1990, *Full Catastrophe Living: Using the Wisdom of Your Body and Mind to Face Stress, Pain and Illness* (Nova York: Dell), e depois adicionalmente elaborados como modos mentais com relação à MBCT no livro de Zindel Segal, Mark Williams e John Teasdale de 2002, *Mindfulness-Based Cognitive Therapy for Depression: A New Approach to Preventing Relapse* (Nova York: Guilford Press) e no trabalho de Mark Williams, John Teasdale, Zindel Segal e Jon Kabat-Zinn de 2007, *The Mindful Way through Depression* (Nova York: Guilford Press).

Página 38

Atenção plena é a percepção consciente que emerge quando prestamos atenção de uma maneira particular às coisas como elas são: deliberadamente, no momento presente e de forma imparcial. Essa definição se baseia na descrição de Jon Kabat-Zinn na página 4 de *Wherever You Go There You Are: Mindfulness Meditation in Everyday Life*. Nova York: Hyperion, 1994.

"A qualidade da atenção plena não é uma presença neutra ou inexpressiva. A verdadeira atenção plena está impregnada de calor, compaixão e interesse." Feldman, C., *The Buddhist Path to Simplicity*, p. 173. Londres: Thorsons, 2001.

Página 41

A MBCT funciona nos ensinando a ser mais atentos, bondosos e compassivos. Consulte Kuyken, W. e colegas, How does mindfulness-based cognitive therapy work? [Como funciona a terapia cognitiva baseada na atenção plena?] *Behaviour Research and Therapy*, 2010, 48, pp. 1105-112.

Página 42

A MBCT: uma breve história. Consulte a nota para o capítulo 1, página 15.

Capítulo 5. Primeira semana: além do piloto automático

Página 52

Se eu pudesse viver a minha vida de novo. As origens desse texto atribuído a Nadine Stair são obscuras.

Página 54

Meditação com a comida. Baseada em Kabat-Zinn, J. *Full Catastrophe Living*, pp. 27-8. Nova York: Dell, 1990.

Página 59

Meditação *body scan*. Extraída de Williams, J. M. G., Teasdale, J. D., Segal, Z. V. e Kabat-Zinn, J. *The Mindful Way through Depression*. Nova York: Guilford Press, 2007. Copyright © 2007 Guilford Press. Adaptada com permissão.

Página 67

Reflexão. Extraído de Segal, Z. V., Williams, J. M. G. e Teasdale, J. D. *Mindfulness-Based Cognitive Therapy for Depression* (Segunda Edição). Nova York: Guilford Press, 2013. Copyright © 2013 Guilford Press.

Página 71

Você lendo isto, esteja pronto. Extraído de Stafford, W. E. *The Way It Is: New and Selected Poems.* Minneapolis: Graywolf Press, 1998. Copyright © 1998 pelo Espólio de William Stafford. Reproduzido com permissão de The Permissions Company, Inc., em nome de Graywolf Press, Minneapolis, MN, *www.graywolfpress.org*.

Capítulo 6. Segunda semana: outra maneira de conhecimento

Página 78

As nossas disposições de ânimo afetam a forma como interpretamos os eventos de maneiras que respaldam essas disposições de ânimo. Consulte, por exemplo, Fox, E. *Emotion Science: Neuroscientific and Cognitive Approaches to Understanding Human Emotions.* Basingstoke, Reino Unido: Palgrave Macmillan, 2008.

Página 85

Meditação de 10 minutos da atenção plena da respiração. Adaptada de Segal, Z. V., Williams, J. M. G. e Teasdale, J. D., *Mindfulness-Based Cognitive Therapy for Depression* (Segunda Edição). Nova York: Guilford Press, 2013. Copyright © 2013 Guilford Press. Adaptada com permissão.

Página 94

Sonhando com o Real. De France, L. Dreaming the Real, *in* Abhinando Bhikkhu (org.), *Tomorrow's Moon.* Harnham, Northumberland, Reino Unido: Aruna Publications, 2005. Copyright © 2005 Linda France. Reproduzido com permissão.

Capítulo 7. Terceira semana: voltando ao presente — reunindo a mente dispersa

Página 97

Meditação de alongamento e respiração: alongamento consciente. Adaptada de Segal, Z. V., Williams, J. M. G. e Teasdale, J. D. *Mindfulness-Based Cognitive Therapy for Depression* (Segunda Edição). Nova York: Guilford Press, 2013. Copyright © 2013 Guilford Press. Adaptada com permissão.

Página 110

Instruções para o espaço de respiração de 3 minutos. Adaptadas de Williams, J. M. G., Teasdale, J. D., Segal, Z. V. e Kabat-Zinn, J. *The Mindful Way through Depression.* Nova York: Guilford Press, 2007. Copyright © 2007 Guilford Press. Adaptadas com permissão.

Página 118

A paz das coisas selvagens. Extraído de Berry, W., *New Collected Poems.* Berkeley, CA: Counterpoint, 2012. Copyright © 2012 Wendell Berry. Reproduzido com permissão da Counterpoint.

Capítulo 8. Quarta semana: reconhecendo a aversão

Página 123

Lista de controle de pensamentos negativos. O questionário usado aqui é uma versão atualizada do Authomatic Thoughts Questionary [Questionário de Pensamentos Automáticos] de Hollon, S. D. e Kendall, P. Cognitive self-statements in depression: Development of an Automatic Thoughts Questionnaire [Autodeclarações cognitivas na depressão: desenvolvimento de um questionário de pensamentos automáticos]. *Cognitive Therapy and Research*, 1980, *4*, pp. 383-95. Copyright © 1980 de Philip C. Kendall e Steven D. Hollon. Adaptado com permissão dos autores.

Página 127

Meditação na posição sentada: atenção plena da respiração, do corpo, dos sons, dos pensamentos e percepção indiferenciada. Adaptada de Segal, Z. V., Williams, J. M. G. e Teasdale, J. D. *Mindfulness-Based Cognitive Therapy for Depression* (Segunda Edição). Nova York: Guilford Press, 2013. Copyright © 2013 Guilford Press. Adaptada com permissão.

Página 138

Caminhar consciente. Adaptado de Segal, Z. V., Williams, J. M. G. e Teasdale, J. D. *Mindfulness-Based Cognitive Therapy for Depression* (Segunda Edição). Nova York: Guilford Press, 2013. Copyright © 2013 da Guilford Press. Adaptado com permissão.

Página 141

Gansos selvagens. Extraído de Oliver, M., *Dream Work.* Copyright © 1986 Mary Oliver. Reproduzido com permissão de Grove/Atlantic, Inc.

Capítulo 9. Quinta semana: deixe as coisas serem como elas já são

Página 145

A casa de hóspedes. Extraído de **The Guest House.** *In* Barks, C e Moyne, J. *The Essential Rumi.* Nova York: Harper Collins, 1995. Copyright © 1995 Coleman Barks e John Moyne. Originalmente publicado por Threshold Books. Reproduzido com permissão de Threshold Books.

Página 149

Convidando a dificuldade a entrar e trabalhando com ela no corpo. Adaptada de Segal, Z. V., Williams, J. M. G. e Teasdale, J. D. *Mindfulness-Based Cognitive Therapy for Depression* (Segunda Edição). Nova York: Guilford Press, 2013. Copyright © 2013 Guilford Press. Adaptada com permissão.

Página 154

Maria. Adaptada de Segal, Z. V., Williams, J. M. G. e Teasdale, J. D. *Mindfulness-Based Cognitive Therapy for Depression* (Segunda Edição), pp. 283-85. Nova York: Guilford Press, 2013. Copyright © 2013 Guilford Press. Adaptada com permissão.

Página 156

Usando o espaço de respiração: instruções ampliadas. Adaptada de Segal, Z. V., Williams, J. M. G. e Teasdale, J. D. *Mindfulness-Based Cognitive Therapy for Depression* (Segunda Edição). Nova York: Guilford Press, 2013. Copyright © 2013 Guilford Press. Adaptada com permissão.

Página 159

Prelúdio. Extraído de Dreamer, O. M. *The Dance*. Nova York: HarperCollins, 2001. Copyright © 2001 de Oriah Mountain Dreamer. Reproduzido com permissão de HarperCollins Publishers.

Capítulo 10. Sexta semana: veja os pensamentos *como* pensamentos

Página 161

O escritório. Esse exercício foi adaptado, com permissão, de um exercício concebido por Isabel Hargreaves (comunicação pessoal, 1995).

Página 166

A caravana de associações. Adaptado de Goldstein, J. *Insight Meditation: The Practice of Freedom*, pp. 59-60. Boston: Shambhala, 1994. Copyright © 1994 Joseph Goldstein. Adaptado com base em um acordo com a Shambhala Publications, Inc., Boston, *www.shambhala.com*.

Página 172

"É incrível observar quanto poder nós entregamos involuntariamente a pensamentos não solicitados." Extraído de Goldstein, J. *Insight Meditation: The Practice of Freedom*, p. 60. Boston: Shambhala, 1994. Copyright © 1994 Joseph Goldstein. Reproduzido com permissão de Shambhala Publications, Inc., Boston, *www.shambhala.com*.

Página 181

Dando um passo atrás e observando os pensamentos. Adaptado de Kabat-Zinn, J. *Full Catastrophe Living.* Nova York: Dell, 1990. Copyright © 1990 Jon Kabat-Zinn. Adaptado com permissão da Dell Publishing, uma divisão da Random House, Inc.

Capítulo 11. Sétima semana: a bondade em ação

Página 184

Pesquisas revelaram a animadora verdade de que o uso habilidoso da atividade, por si só, pode ser um tratamento eficaz para a depressão. Consulte, por exemplo, Dobson, K. S. e colegas, Randomized trial of behavioral activation, cognitive therapy, and antidepressant medication in the prevention of relapse and recurrence in major depression [Teste randomizado de ativação comportamental, terapia cognitiva e medicação antidepressiva na prevenção da recaída e da recorrência na depressão grave]. *Journal of Consulting and Clinical Psychology,* 2008, 76, pp. 468-77.

Página 190

Jackie. Adaptado de Segal, Z. V., Williams, J. M. G. e Teasdale, J. D. *Mindfulness-Based Cognitive Therapy for Depression* (Segunda Edição). Nova York: Guilford Press, 2013. Copyright © 2013 Guilford Press. Adaptada com permissão.

Página 195

O espaço de respiração: a porta de ação consciente. Adaptado de Segal, Z. V., Williams, J. M. G. e Teasdale, J. D. *Mindfulness-Based Cognitive Therapy for Depression* (Segunda Edição). Nova York: Guilford Press, 2013. Copyright © 2013 Guilford Press. Adaptada com permissão.

Página 197

Permanecendo presente. Adaptado de Goldstein, J. *Insight Meditation: The Practice of Freedom.* Boston: Shambhala, 1994. Copyright © 1994 Joseph Goldstein. Adaptado com permissão da Shambhala Publications, Inc., Boston, *www.shambhala.com*.

Página 207

O dia de verão. Extraído de Oliver, M., *House of Light.* Boston: Beacon Press, 1990. Copyright © 1990 Mary Oliver. Reproduzido com permissão de The Charlotte Sheedy Literary Agency, Inc.

Capítulo 12. Oitava semana: e agora?

Página 217

Algumas dicas que outros participantes acharam proveitosas. Somos gratos aos nossos colegas Becca Crane, Marie Johansson, Sarah Silverton, Christina Surawy e Thorsten Barnhofer por compartilharem as suas experiências como participantes.

Página 218

O professor de meditação Larry Rosenberg oferece estes cinco lembretes para a prática da atenção plena ao longo do dia. Extraído de Rosenberg, L., *Breath by Breath: The Liberating Practice of Insight Meditation*, pp. 168-70. Boston: Shambhala, 1998.

Página 219

Algumas dicas para a atenção plena diária. Adaptado de um trabalho não publicado de Madeline Klyne, Diretora Executiva do Centro de Meditação Insight de Cambridge. Copyright © Madeline Klyne. Adaptado com permissão.

Página 222

Amor depois de amor. Extraído de Walcott, D. *Collected Poems, 1948-1984*. Nova York: Farrar, Straus and Giroux, 1986. Copyright © 1986 Derek Walcott. Reproduzido com permissão de Farrar, Straus and Giroux, LLC, e Faber and Faber Ltd.

Lista de Arquivos dos Áudios

Locução em português:
Luciana Oddone Correa
Prof.ª de Yoga e Meditação

	Título da Faixa	Tempo de Execução
1	Seja bem-vindo	00:39
2	Exercício da uva-passa	06:06
3	*Body scan*	30:56
4	Meditação na posição sentada de 10 minutos com atenção plena na respiração	10:34
5	Movimento consciente — prática formal	28:50
6	Meditação de alongamento e respiração	35:06
7	Caminhar consciente	14:47
8	Espaço de respiração de 3 minutos — básico	04:11
9	Espaço de respiração de 3 minutos — versão completa	05:41
10	Meditação na posição sentada de 20 minutos	22:21
11	Meditaçao na posição sentada	30:42
12	Meditação trabalhando com a dificuldade	27:24
13	Sinos em 5 minutos, 10 minutos, 15 minutos, 20 minutos e 30 minutos	30:24
14	Duas formas de conhecimento	05:54

Como ouvir os áudios

Para ouvir os áudios acesse o QR Code abaixo ou o link: https://mla.bs/b80f47fa